我在阿里做运营

芮曦（@小马鱼）著

電子工業出版社
Publishing House of Electronics Industry
北京•BEIJING

内容简介

这是一本散发着浓浓阿里味儿的运营书。作者进入互联网行业7年，曾就职于携程、阿里巴巴等大平台，也服务过小微企业、传统企业及诸多职场新人。不仅经历过各类运营岗，也经历过市场、品牌等岗位，对精细化运营、数据化运营和低成本运营有着深刻见解。

本书展示了在阿里这样的大平台做运营工作的真实场景，也提炼了适用于小微企业的经验，以及让运营新人快速上手的技能和自我修养、职业规划。

图书在版编目（CIP）数据

我在阿里做运营 / 芮曦著. — 北京：电子工业出版社，2018.7

ISBN 978-7-121-34257-8

Ⅰ. ①我… Ⅱ. ①芮… Ⅲ. ①电子商务—商业企业管理—运营管理—经验—中国 Ⅳ. ①F724.6

中国版本图书馆CIP数据核字（2018）第109386号

策划编辑：张月萍

责任编辑：牛　勇

印　　刷：涿州市般润文化传播有限公司

装　　订：涿州市般润文化传播有限公司

出版发行：电子工业出版社

北京市海淀区万寿路173信箱　　　邮编：100036

开　　本：720×1000　1/16　　印张：13.25　　字数：252千字

版　　次：2018年7月第1版

印　　次：2024年6月第18次印刷

定　　价：59.00元

凡所购买电子工业出版社图书有缺损问题，请向购买书店调换。若书店售缺，请与本社发行部联系，联系及邮购电话：（010）88254888，88258888

质量投诉请发邮件至zlts@phei.com.cn，盗版侵权举报请发邮件至dbqq@phei.com.cn。

本书咨询联系方式：010-51260888-819　faq@phei.com.cn。

自序：这是怎样一本运营书？

为了人生中的第一本书，我准备已久。

我从小就很文艺，一直有写本书的愿望。想象中这本书是关于自由职业的，或是关于生活方式的，没想到最先成形的是一本运营专业书。诸位读者请放心，我以一名文艺青年的身份拍胸脯保证，这不是一本读起来很枯燥的工具书，而是运营图书里的“小清新”。

市场上跟运营相关的书其实已经有好几本了，有的甚至出自我的朋友。所以在写这本书的时候，我心里还是很忐忑并且有些压力的。自己就是做运营的，所以习惯性地想自己这本书的差异点在哪里，如果没有独特的亮点，宁愿不写。仔细想来，其实本书确实有一些独特的地方。

首先，市场上那些运营书都是个人成长经历的浓缩。我的经历是曾经就职于携程、阿里等大平台，并且在离开阿里后，以运营顾问的角色服务过多家初创公司，所以对大平台及初创公司的运营工作都有切身体会。特别是我在阿里的经历，尤其为外界所期待。我离开阿里时曾写过一篇文章——《我在阿里三年的运营经都在这儿了》，被广大网友疯狂转发，全网阅读量破百万人次，火热程度超出想象。这种现象的出现，很大程度上是因为业界都认为阿里的运营厉害，但阿里的运营人员到底在做些什么，鲜有人分享。我在本书中会用在淘宝和天猫的经历为大家揭秘。

其次，我开创了“互联网私塾”的概念，学员和导师定期线下见面，私塾制授课，陪伴式成长，这大概是目前最有效的学习方式了。我把它叫作“运营圈子计划”。我将学员分为 A、B、C 三个圈子，A 圈为拥有 0~1 年工作经验、想进入互联网运营行业的大学生，B 圈为拥有 1~3 年互联网公司运营经验的新人，C 圈为拥有 3~5 年传统行业工作经验、想进军互联网的人。这也恰好是本书面对的三类读者。在运营圈子计划中，我每周和学员在一起，切身感受着他们的需求。本书的大部分内容来自于课件，也吸收了很多来自学员的真实案例。学员们对“圈子计划”的评价很高，但目前此活动只在成都开展，外地同学难以参与。通过这本接地气的、不是闭门“造”出来的书，我希望把这几年的经验分享给大家，也让外地读者能“解解馋”。

另外，这可能是第一本女性独自撰写的运营书吧？（金璞和张仲荣夫妇合著的《互联网运营之道》除外。）纵观现在的运营从业者，女性占比绝对高于男性，然而崭露头角的女性运营高手却寥寥无几。男性运营高手写东西通常会让人觉得很有逻辑、很有策略，然而运营工作既有理性的部分，也有感性的部分，所以女性的第六感也很重要。我写的东西会“柔软”一些，因为我觉得运营工作不外乎对人性的理解。而且，从现在的创业方向上来说，基于消费升级趋势的创业项目如雨后春笋般出现，我认为在关于美、极致体验和生活品质等方面，女性天然要比男性敏感。

最后，我想说的是，我现在过着互联网人少有的自由而精彩的生活，这也是“运营”带给我的。它于我而言，不仅是一种谋生的技能，也是一种可以用于指导人生的经验。好的运营人生活不应该是苦兮兮的，运营人应该懂得把自己的人生运营得越来越像自己喜欢的样子。从互联网巨头中肆意生长的职员，到创业公司里过把创业瘾的管理者，到靠知识变现养活自己的自由人，这是一条“少有人走的路”，如果你对此感到好奇，可以到书中找到我的成长经验。

本书算不上一本大而全的运营宝典，而是从我的经历里直接汲取养分而成的，我更愿意称之为记录我运营之路的运营小本。我也不会试图去给目前还不太规范的运营领域增加一个“小马鱼门派”的注脚。

囿于个人经历及视野，本书略去了一些虽在大运营范畴内但我不擅长或者未经历过的内容。对于书中见解有待完善的地方，还望各位看官见谅，也期待诸位的斧正。

感谢我遇见的每一家公司、同事、领导、合作伙伴，以及在我从事自由职业期间信任我的老板、学员和运营前辈；感谢成都道然科技有限责任公司在图书策划和出版流程上的专业支持；感谢我的家人们。很巧的是，我在酝酿这本书时，肚子里也孕育着我的宝宝——mini 鱼，而且这本书付梓的时候也是他（或她）呱呱落地之时，这真是一份珍贵的礼物。或许当你看到这本书时，我正在没日没夜地奶娃，但因为有了“运营”，有了你们，未来的日子充满了可能性。我会继续在个人微信公众号“小马鱼”上发布一些运营感想以及生活方式类的原创文章。

关于运营的一切，欢迎交流！

邮箱：116812755@qq.com
个人微信号：xiaomayu2019
微信公众号：小马鱼

目　录

01 第 1 章 运营概述

02 第 2 章 运营思维

03 第 3 章 阿里运营牛在哪里

04 第 4 章 内容运营，创造湿流量

05 第 5 章 活动运营，制造爆点

06 第 6 章 用户运营，低成本获客的利器

07 第 7 章 数据化运营：不是一个岗位，是一种意识

08 第 8 章 如何进入互联网运营的世界

01

第1章　运营概述

战略，就是做正确的事；

运营，就是正确地做事以实现战略

我于2010年大学毕业，当时最热门的就业方向要数知名外企的销售、市场及银行金融类的岗位了。虽然“互联网”和“运营”对当时的我而言还是陌生的词汇，但是误打误撞成了携程的管培生。我的第一份工作是在销售部做数据运作，其实就是现在所说的数据运营，后来去淘宝旅行（后更名为“飞猪”）先后做了类目运营、卖家运营和活动运营，再后来转岗去了天猫市场部做整合营销和品牌营销，最近这两年又以运营顾问的角色服务了一些初创公司，以运营讲师的身份帮助了一些职场新人。对我来说，“运营”从一个陌生的词变成我的一个标签，一共用了7年多的时间，期间，我见证了运营岗和运营人的发展和变迁。

通过百度指数的搜索功能，我发现“运营”（下图中的蓝色曲线）在这几年里搜索热度增加了约7倍。我顺便搜索了“产品经理”（下图中的绿色曲线）一词，发现两者是同比上升的趋势，曲线变化惊人地一致。可见，运营算得上是产品经理的孪生兄妹，是产品经理不可或缺的搭档。

“运营”和“产品经理”关键词的搜索指数

接着我又查了与运营相关的关键词，看哪些热度高，发现“淘宝”和“天猫”名列前茅。可以说运营的热度是被淘宝和天猫推上去的，甚至可以夸张地说，在中国，阿里运营是整个互联网运营的“鼻祖”。

搜索指数 上升最快	搜索指数
1.淘宝	2505805
2.天猫	669324
3.qq	631215
4.微信公众号	413180
5.亚马逊	281533

运营相关词语的搜索热度

目前，市面上关于淘宝、天猫的店铺运营、电商运营的书籍很多，但是淘宝和天猫作为平台型互联网公司的运营经验却鲜有流传。我也不认为阿里的经验只适用于电商类公司，只要公司涉及流量变现，我认为阿里的经验都有可借鉴之处。从这点看来，这方面内容的受众面颇广。下面我试着站在平台型互联网公司运营人的角度，给大家多分享一些信息。

1.1 我是怎么理解运营的

如果不在“运营”前加“互联网”或“移动互联网”这些具有时代属性的定语的话，我理解的运营是广义上的运营，而不只是一个岗位。我理解的“运营”二字含义如下：

达成一个目的的过程中所用的任何人为干预手段。

我认为运营的对象很广泛，甚至可以说运营爱情、运营人生。比如我自己就是一个很容易把工作中的运营素养带到生活中的一个人，身边的朋友会觉得我做事比较流程化，在意细节，不容易出错。我随时在思考怎么做投入产出比最高，怎么能花更少的时间、精力和钱实现预定目标。我还经常在看到某个现象时思考背后的原因，比如朋友们在一个“网红”店聚会，在大家赞不绝口地说“美，真美”并忙着拍照的时候，我会想是什么“撩”起了大众的情绪？是什么促使大家消费？是什么让这家店成了“网红”店？可能刚开始这样去思考会比较累，后面就习惯了，你会觉得生活中随时都有案例能够锻炼你的运营思维，运营技巧也可以随时用在身边大大小小的事中，这是一件很有趣的事。我认为运营人比“程序猿”要幸福得多，他们冒着脱发危险写的代码只能在互联网世界中发挥作用，他们的工作内容很少有能提炼出来用于日常生活的技巧。我们会发现，一个优秀的“程序猿”可能在现实世界中并不是那么如鱼得水、左右逢源，而一个优秀的运营人通常在现实世界里能够游刃有余、混得不错。这么想想，“程序猿”的薪资普遍比运营人高些似乎也说得过去。

把“运营”放到商业环境里，你会发现，在好多传统公司里，业务内容偏向对内的岗位也叫“某某运营”。对，他们确实也在参与运营工作，但遗憾地说，与现在大热的“互联网运营”相距甚远。他们更多的是在做“运行”的工作，保证事情不出错地进行下去，而少了“营”的部分，并不是打破现有的平稳状态，通过更多人为手段去筹划、谋求一个更好的结果。

互联网，特别是移动互联网的语境下，给运营赋予了新的时代意义。“互联网运营”从一个偏对内、偏后端、“维稳”性质的工种，变成了内外兼顾、能出结果、能扛绩效、能上前线的工种。甚至在很多公司里，运营岗位替代了销售岗的角色。

互联网运营按产品形态来分，有资讯内容类（如今日头条、新浪、搜狐）、社交类（如微信、陌陌）、电商类（如淘宝、天猫、京东、网易严选）、O2O类（如58到家、饿了么、美团）、游戏类（如王者荣耀、魔兽世界、梦幻西游）和工具类（如猎豹浏览器、360安全卫士、百度地图）。每一类产品运营的侧重点会有些不一样。其中，电商运营的人员占比最大，很多产品都需要通过电商来变现，不管是卖广告、卖会员、卖服务，还是卖商品，本质上需要的是电商运营的经验。所以我非常同意前阿里运营人袁野在《运营有道，电商有法》一书中写的“电商运营的思维是互联网变现的底层逻辑”。

电商运营：为了提升成交额，在流量、转化率、客单价等指标上所做的一切有策略的行为。

电商万能公式

这样的理解在PC互联网时代是适用的，但在移动互联网时代，我发现对于很多初创公司，注意力放在这个公式上是不奏效的。初创公司获取流量的难度很大，而且在获取流量和实现转化之间有很长的一段过程，没有淘宝那么简单粗暴、路径短。后来，我认识了源自硅谷的AARRR模型。

AARRR即海盗指标，最早来自Dave McClure的分享，他提出了创业公司赢得客户的五个阶段：获取（Acquisition）、激活（Activation）、留存（Retention）、收入（Revenue）、推荐（Refer）。

AARRR模型

这是对所有互联网产品运营的一个通用定义。

互联网产品运营：为拉新（获取客户）、促活（提高活跃度）、留存（提高留存率）、付费（获取收入）、传播（病毒式传播）这一链条上的关键节点所做的一切努力。

这个链条看起来很复杂，其内容也很广泛，可能会把初来乍到的运营新人吓到：难道一个小小的运营人要做这么多事吗？！当然不是。首先，这个模型对于不同公司、不同阶段，关键点会不一样。比如，一个初创公司对于获取用户会尤为重视，可能在很长一段时间里，你的工作重点都在这方面。另外，这是全公司的运营目标，会有其他部门来与你配合，或者需要你配合别人。在获取用户和传播这两方面，在成熟的公司里是市场部门为主力，运营部门来配合；而在激活和留存这两方面，运营部门和产品部门是紧密配合的。

在运营岗的细分上，业内并没有按AARRR模型来分成5类，而是根据对一个运营人最主要的技能要求，分为内容运营、活动运营、用户运营三类。比如在“获取用户”这个节点上，三类运营人需要各自拿出“杀手锏”，合力达成目标，而不是单独某一类运营人的职责。又因为运营工作的包容性和延展性特别强（俗话说：“运营是个筐，什么都往里装”），所以每年都会有新的“某某运营”岗位冒出来，比如近几年大热的社群运营、新媒体运营。要在名称上纠结的话，新人估计会懵，而且运营本身目前还不是一个特别规范的岗位，建议初学者掌握本书中4章主体知识，内容运营、活动运营、用户运营、数据运营，即可“通吃”90%的运营类岗位。

这里要提醒大家，运营是为了解决问题、完成任务而生的，要对KPI负责，而不是对一个名词负责。不要纠结于岗位的头衔，而要全面提升自己的能力。比如在阿里，做到运营管理层后都是不分具体岗位的，各类运营工作都需要懂。而且，现在又开始流行一个词——“全栈运营”。这里引用秦路的一篇文章《「全栈运营」，才是运营的未来》中的一段话来解释这个概念。

全栈的概念起源于全栈工程师，英文是Full Stack Developer。这类人掌握多种技能，并且能够用这些技能独立完成产品开发。当我们说就差一个程序员的时候，需要的其实是一位全栈工程师。

一个全栈运营人应该是这样的，他必然精通两到三个运营领域，也能做其他运营工作，具备搭建运营体系的能力。他不会是全能的运营人，虽然名字里带一个“全”，这个“全”更倾向全流程掌握、全业务熟悉。他知道负责的工作内容是什么样，也知道前面步骤的工作内容是什么样，还知道后面步骤的工作内容是什么样。往前多看一步，往后多想一步，这叫全流程掌握。全业务熟悉，是在全流程中知道用什么样的方式去驱动和推进工作。

无论如何，运营是条漫漫长路，不用担心职业路径和生命周期短的问题，只要真正以结果为导向，调动各种能力和资源去完成任务，一定会是一个受市场欢迎的“经久不衰”的运营人。

1.2 运营和战略的关系

当我们谈论运营时，我们到底在谈论什么？

高瓴资本合伙人、前阿里巴巴副总裁干嘉伟曾说：“谈到运营，人们最常容易混淆的是它和战略之间的关系。**战略，就是要做正确的事。运营是什么？正确地做事以实现战略。一个企业最核心的能力是什么？是做同样的事，你比别人做得更好。**”

这就是运营的精妙所在。在企业战略大同小异的今天，运营成了核心竞争力。

关于阿里运营，我经常听到以下两种问法。

A：阿里是怎么运营的？

B：阿里的运营是做什么的？

在A问句里，“运营”是一个动词，这个动词包含的东西太多了，或许你想问的是阿里是怎么成功的，这种涉及战略层面的问题实在难以回答。而B问句里，“运营”是一个名词，是指一个岗位，我能很自信地写出洋洋洒洒的答案，并在知乎上获得大量点赞。实际上，我并不是一个很懂战略或者很愿意去讲战略的运营人，但是能完成无数支撑战略的项目。

作为一个运营新人，如果想夯实基础，真正做一个“抢手”的运营人，建议在大平台工作的3年以内、在创业公司工作的1年以内，不要去谈战略，做好老板交给你的每一件事。你的职责是把老板的战略落地，尽快地验证战略。一个公司实在不缺谈战略的人，我见到的大部分公司，都太缺能踏踏实实干事、把事干得漂亮的中高层运营人员。这样的人，市场价值并不低。所以，为什么不做这种被争抢的运营人呢？

本书所写的基本上也是围绕着现在市场紧缺的、以解决问题为己任、帮老板把战略落地的初级到中级运营人所需的技能。

1.3 运营和营销的关系

对于传统行业从业者、小微创业者及其中的运营人，“运营”和“营销”是比较容易混用的两个词。我在这里加以说明，不是要分得清清楚楚，划清界限，各扫门前雪，而是要让运营人有更清晰的身份认同。既懂营销又懂运营当然更好，我自己就是一个在天猫市场部里“裹”了一层营销感觉的运营人。

1.3.1 区别：运营是侦察兵，营销是轰炸机

把营销当成一个学科的话，它是一个历史悠久、有很多成熟理论模型的学科。其中4P是广为营销人所熟知的，它告诉我们营销是4个基本策略的组合，即产品（Product）、价格（Price）、渠道（Place）和促销（Promotion）。从这个角度来看，营销涉及的范围比运营要广。而在实际工作中，我们把营销的职能更多地放在市场部，英文是Marketing，并且工作以Promotion为主。营销的主要工作是扩大品牌影响力、开源、引流、吸引新用户，从大面儿上去影响用户，但是

不重视转化和成交。所以说营销是轰炸机，威力很大，但可能没有那么精细化，完成了多少指标可能说不清，也比较难评估投入产出比。运营工作则比较落地，用手上的“武器”，可能是老用户，可能是笔杆子，可能是活动，把用户给转化了，或促进了成交，数据结果上更好度量。比如在做“双11”活动时，市场部在站外投放大量广告，在线上开展很多具有传播性的活动，在线下举办各种晚会，在微博和微信上通过各种KOL（关键意见领袖）发声……成功炒热了氛围，吸引了群众眼球，将流量引入淘宝和天猫。这时候运营部早已在站内布好了“局”，通过各类打折促销活动、各种攻略软文、各种会员权益刺激、各类好货盘点等，把流量成功转化为营业额。

市场部与运营部两者合作，才能达成一次成功的整合营销。而在有的公司，两者是割裂的，所以存在市场部使劲在外面“吼”，但流量来了不能被转化的情况，也有运营部准备了一盘好货，却无人问津的情况。

1.3.2 趋势：运营与营销，越来越无界

我在百度指数上搜索了“运营”和“营销”两个关键词。看得出来，“营销”长期以来是个热门词，但在2012年下半年开始搜索热度有所下降，而“运营”的搜索热度则呈现上升趋势。在2017年两者热度不相上下。

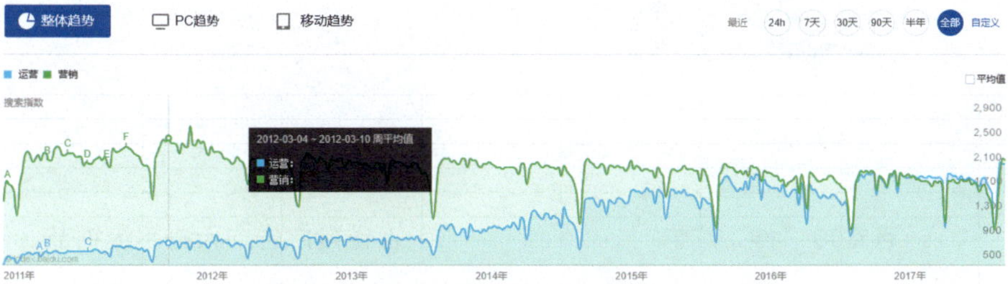

百度指数上的“运营”与“营销”搜索指数

我认为这体现了运营与营销工作越来越无界，运营分担了营销的一部分功能，而营销也越来越趋向于运营般的精细化工作。

在某些公司，特别是初创公司，在没有营销费用的情况下，运营需要开展低成本营销。而在大公司，对市场部提出了“品效合一”的要求，品牌和效果兼顾。以前常说的“我知道我的广告费有一半浪费了，但不知道浪费在哪了”的情

况会越来越少。

了解了以上两点，我们接下来可以探讨一下2017年颇受争议的百雀羚“神”广告是否是一次好的营销。这个一镜到底、民国风、谍战情节的微信广告一经推出就被大量转发、转载及热议，但是几天后，一篇名为“哭了！百雀羚3000万+阅读量转化率不到0.00008”的文章迅速发酵，引起了争议。

百雀羚“神”广告

百雀羚广告向天猫引流细节

首先来看是百雀羚的哪个部门发起的这次事件，肯定是市场部而不会是运营部。站在市场部的角度，这一次低成本营销从CPM（千人曝光成本）或公众号上的单次阅读成本（投放微信大号的费用/阅读数）来看，完全是划算的。而且我注意到广告上的一个细节，上图中有句话“凭截图可向百雀羚天猫旗舰店的客服妹妹兑换厉害的优惠券”，说明广告是有意识往销售去引导的。

出于苛求完美的考虑，我们可以去了解一下百雀羚天猫旗舰店的PV（页面浏览量）、UV（网站独立访客量）和GMV（商品交易总额）增加了多少，有多少人凭截图领了优惠券，又有多少人使用优惠券购买商品了。数据多多少少有增加，但因为此次广告并非针对目标群体投放的，转化率可以预料是很低的，并不能因此判定广告的成败和口碑。

1.4　运营在互联网公司中的地位

互联网公司一般分为两类，运营驱动型和产品驱动型。阿里就是典型的运营驱动型公司，而腾讯是产品驱动型公司。说阿里是运营驱动并不是说产品不重要，而是说大部分需求是由运营发起的，产品去实现之后，运营又会像带娃一样把这个宝贝带到新的高度；而在腾讯，从需求到研发到面世推广，都是产品经理在主导。

我们都希望自己的产品能像腾讯的明星产品一样横空出世，获得广泛自传播，少一些运营人辛苦的推动。但实际上，大部分创业公司并不具有那么强的产品优势和技术优势。蚂蚁雄兵靠运营，对于大部分创业公司，我认为阿里的经验（特别是早期的淘宝经验）挺有借鉴价值的。

无论是传统公司还是互联网公司，大公司还是小公司，运营都是一个不可或缺的岗位。有的公司没有产品经理，老板来顶；有的公司没有开发团队，外包来顶……但是没有一家公司没有运营团队。传统公司在做电商时存在“代运营”这种说法，但是没有一家互联网公司会没有自己的运营团队。

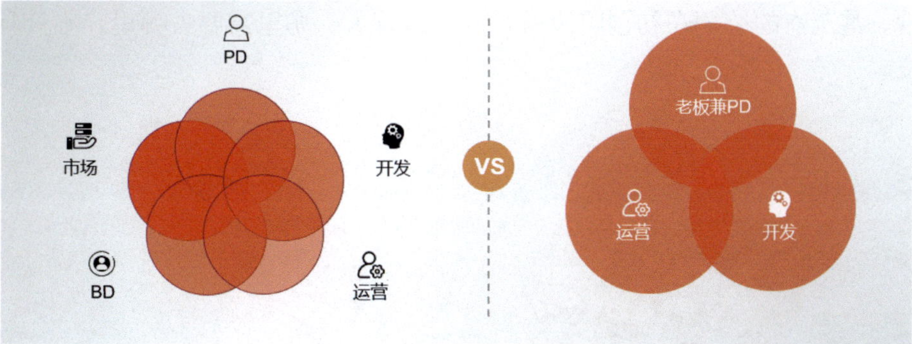

两种常见的互联网公司岗位配置

所以运营人才的需求量大，这也是毕业生进入互联网公司非常好的切入点，专业不限，注重实践，工作内容丰富，灵活性较大，新鲜感十足。

1.5 运营的分类及工作职责

这里以淘宝网为例分析，这样的电商平台型公司有类目运营、卖家运营、KA运营、活动运营、内容运营、用户运营、产品运营等岗位，其中最“老牌”的是类目运营、卖家运营和活动运营，用户运营和内容运营是“All in 无线”（阿里在2013年公布的全面布局移动互联网的战略）后才有的较新岗位。淘宝网也有产品运营，在运营团队中占比较小，和腾讯或其他一些以产品为驱动的公司的产品运营不一样，偏需求的对接，权责范围要小一些。

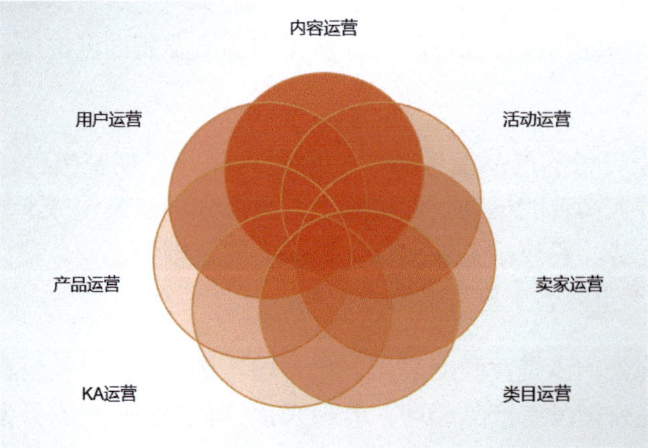

平台型公司（如淘宝网）的运营分类

小型公司的分类会简单一些，包括内容运营、活动运营、渠道运营和用户运营。甚至有的公司在初创阶段就是几个运营人，哪里需要去哪里，不分具体岗位。

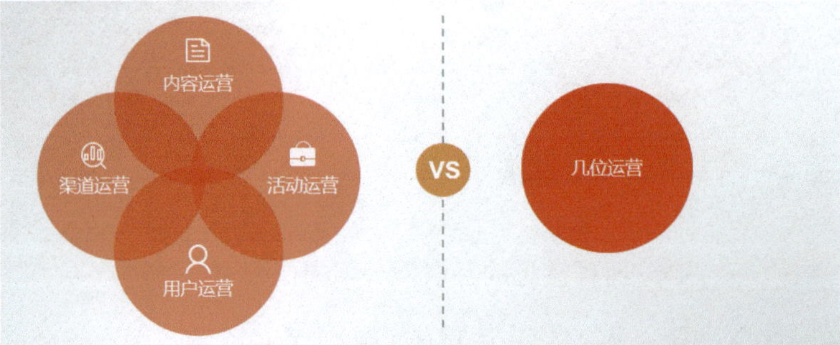

小型公司的运营分类

在此，先概述最通用、也是本书后面会细讲的4类运营的定义与职责。

内容运营：围绕内容的生产和消费，搭建一个良性循环、持续提升各类和运营相关的数据，达成吸引流量、培养潜在用户、引导转化的目的。

活动运营：活动运营是指针对不同目的、不同性质的活动进行的运营工作，包含策划、准备、实施、复盘等环节。相比内容运营和用户运营的“润物细无声”，活动运营更具引爆性，可在短期提升某个指标。

用户运营：用户运营是实现某种运营目的的一种与用户相关度最高的策略组合。通常的做法是将用户分层，对特定用户进行运营，提高他们的规模或者价值贡献。

数据运营：准确地说，是数据化运营。此类运营更偏向一种思维，要有用数据说话的思维，这是所有运营人未来都要有的思维，包括数据搜集和分析，由此指导运营工作。

有人会问，现在大热的新媒体运营呢？其实在淘宝和天猫，新媒体运营工作是属于市场部的。对于小公司，此工作会和运营放在一起。这方面的内容在本书第4章会详细讲解。可能你混淆了新媒体运营和内容运营的职责，对于创业公司，或许更缺的是内容运营。

可能又有人会问，前面在对运营分类时没有列出数据运营，为什么这本书又单独用一章篇幅讲它呢？

事实上，我一直认为数据运营是一种感觉，而不是一个岗位，但作为一种区别初级运营与高级运营的重要技能，我必须得讲一讲。

有的公司可能觉得一般运营人员的数据水平不够，会设置专人从事数据报表及问题分析工作。我觉得销售团队是需要数据运营来辅助的，比如我在携程时就在销售部下设的销售运作部做数据驱动方面的工作。但对于其他工种的运营来说，我认为必须有数据搜集、处理、分析和应用的能力，不能依赖其他岗位。对于更复杂、更高阶的数据分析，如果实在不会，可以求助于一个神奇的岗位——BI（Business Intelligence，商业智能部）。在淘宝和天猫，这是一个单独设置的部门，不属于运营部。在我做运营期间，这个部门确实帮助我很多。所以我一直告诉公众，虽然阿里运营常常受外界夸赞，但真正让他们战斗力强悍的是背后的数据、产品及用户体验部门的支持。对于这方面的内容，在本书第3章中会展开讨论。

1.6 运营与产品经理、设计师、市场的协作

在一家公司里，和运营沟通最多的就是PD（阿里内部对产品经理的简称）、设计师和市场部了。阿里的设计师属于UED（User Experience Design，用户体验设计）部门，听名字就知道相对于一般的设计师，他们更有想法、更市场化。市场部就更不用说了，大部分员工都来自顶尖广告公司，光是看穿着，都比辛苦的运营人要时尚不止一点点。运营人和这些很有想法的人合作，如何斡旋其中，推动各方朝自己想要的方向聚拢呢？

运营与PD：有句玩笑话，若要PD为你生孩子，请证明你会持续带孩子。PD很在意他的劳动成果有没有被持续使用、能否为用户服务、能否创造商业价值。运营应该在项目发起之初，就邀请PD加入，而不是定了方案之后软磨硬泡PD给你排期。另外，阿里内部“死掉”的项目太多了，太多运营思考不成熟的项目浪费了PD和开发人员的巨大精力，所以运营提需求前请一定想清楚，为你的“战友”负责。如果不成功的项目多了，这名运营在PD那里的名声就不好了，以后自然更难得到资源与支持。

运营与UED：若要说服UED听你的，请证明你是理解并尊重他们的专业的，证明你是有审美能力的。刚做运营时，我是很缺乏审美能力的，就连天天打交道、每周要做很多的banner（广告图），我都很难有自己的主见，不知道哪个好、哪个不好。我是在看了大量高点击量的banner案例，并不断向UED学习而成长起来的。UED是不愿意和不懂审美的运营沟通的。赢得了UED的信任之后，对于运营来说，更难的一步是如何引导UED在艺术与商业之间找到平衡点，这同样需要用数据说话，把每次的投放效果同步展示给他们，不以个人喜好为出发点，渐渐两方都形成以用户视角来工作。

运营与市场：大部分的营销预算掌握在市场部手上，他们有更多的流量和媒体资源。若要市场“赏”你流量，请证明你的活动是独创的、有传播性的、好讲故事的。在市场的眼里，运营及所做的活动通常都会“土”一点、接地气一点，如果你希望市场多给你的活动些资源支持，请为他们的KPI着想。在销量之外，他们可能更看重影响力和传播性。他们很愿意和你合作开展叫好又叫座的营销活动。

1.7 大公司和小公司的运营区别

这是很多读者感兴趣的话题。我发现很多人在创业公司里工作觉得不满足，觉得公司很乱、老是打杂，想去大公司。而真的去了大公司，又觉得规矩特别多、内耗大，又想去创业。而运营人去创业，我个人觉得不是特别适合，这是思维习惯所决定的。纵观市场上有点名气的互联网公司，有几个CEO是运营出身的呢？很多人陷于不满现状、跳槽又后悔的循环中。因为我曾经就职于大平台，也服务过小公司，在此向大家分享点经验，在两种类型的公司中做运营的区别是什么、可能会遇到什么样的困难。

淘宝

情况：纵向看，每个行业（比如服饰、美妆、家装、电器等）做卖家运营的三五个，做活动运营的三五个，做内容运营的两三个，这是行业运营的主体构成。横向看，还有跨行业的营销产品运营，比如微淘、淘抢购、聚划算等。

优点：有利于经验的积累和沉淀、形成规则、做成工具；杂事较少，有机会不断精进，对一件事的理解更深。

不足：部门之间沟通成本较高；能够锻炼的能力较单一。

吸引淘宝运营人去创业公司的因素：1. 晋升越来越难，存在很多“空降”的中高层；2. 虽然薪水不错，但期权奖励门槛也越来越高，如果没有这部分收入，年薪可能没有拿了风投的小公司给得多；3. 业务变化太大，部门有可能被裁掉或者被边缘化，很难接触核心业务，也看不到一个商业愿景的全貌，没有在外面“风起云涌”的环境中学习进步快；4. 觉得自己挺不错的，想试试创业。

可能遇到的“坑”：第一，阿里系的运营分P序列和M序列，大部分人都是P序列，就是走技能路径，而不是管理路径。哪怕到P7级别，也可能不带团队、自己做事。但是跳出去的话，这个级别的薪水肯定是要带团队的，那么带团队的能力受到挑战。第二，预算、资源、团队对于创业公司都是极端匮乏的，做成一件事的阻力变小了，但助推力也变小了。说实话，阿里的外包设计师都比很多公司的全职设计师好用。

初创公司

情况：可能一共就两三个、三五个运营把所有事做完。

优点：野蛮生长，短时间经历各种战场，容易成为复合型人才。

不足：事情杂，分散精力，不容易形成“套路”；没有资源或外力支撑做出特别漂亮、亮眼的项目，对下一次跳槽的身价帮助不大。

吸引初创公司运营人去大平台的因素：1. 觉得自己是“搬砖”的、是“打杂”的，想在大平台学到全面、规范、体系的东西；2. 屡次遇到不靠谱的创业公司，每次都以倒闭关门、拖欠工资收尾，想寻求更有保障、更有安全感的工作；3. 觉得自己还不错，想去大平台深造、镀镀金，跟互联网结合一下，身价又可以倍增，以后不管是创业还是待在公司里，都更有主动权。

可能遇到的“坑”：第一，不了解大平台招聘的喜好和要求，根本进不去，屡次失败后对自己没了信心。第二，进去之后坚持自己的“野路子”，常常感到自己和其他同事难以融合，言行举止、思维模式不在一个频道上。第三，烦琐的规则和流程，各层领导过于谨慎，常常让人放不开手脚，难以大干一场，有力无处使。

不管在什么规模的公司里，你都必须找到自己工作的价值和意义，才能坚持下去，并且享乐其中。大公司－创业公司－自己创业，这样的路径对大多数人来说更理想一些，更顺一些。但如果无法如愿一毕业就进大公司的话，也不要着急。运营岗位比产品岗位有优势的是，比较容易出活儿。在一个产品的运营过程中，产品“死掉”的概率很大，但是运营是有足够的空间在产品的生命周期里做出几件能证明自己能力的案例的。这对你来说，在找下一份工作时又多了筹码。所以不要拈轻怕重，当自己坚持不下去时，就问问自己：真的不能再学到更多的东西了吗？

1.8 什么样的人适合做运营

一个好的运营人才有非常多的特质，比如聪明、抗压、好学、有同理心、会玩……如果要用一个词来概括那些不仅能胜任运营工作，还能享乐其中，并且具有源源不断潜力的运营，我觉得是“有灵气”。

1.8.1 做一个有灵气的运营

有灵气的运营最招人喜欢。很多老板知道我手上有很多运营苗子，常常跟我说，帮我挑几个有灵气的运营，我就心知肚明了。会识人的老板一般废话不多说，就看你有没有灵气。

灵气是什么意思呢？它和运营这个词一样难以定义。灵气，字典上的解释是：指人对外物感受和理解的能力。表现在工作中，会有以下一些特征。

1. 一点就通，给他一个提示，他会自己往下推演几步，而不是说一步做一步。

2. 和别人做同样的事，能够做出差异化。运营工作是有“套路”的，但用“套路”只能做到及格水平，怎样才能做出彩呢？有灵气的人容易跳脱条条框框的束缚，跨界思考，给人惊喜。

3. 有灵气的人自带吸引力，做起事来，身边的人都愿意与他合作。他不会垂头丧气、一蹶不振，而是常常能让人感觉如沐春风、精气神儿不错。

有灵气的人成长会比较快，前辈也比较愿意带。在运营这一行，有人带就能少走很多弯路。怎么培养灵气呢？

1. 学习与艺术相关的兴趣爱好，多读经典图书。

2. 结交各行各业的朋友，常常进行思维碰撞。

3. 不拘泥于条条框框，不埋没自己的突发奇想；热爱自己的想象力，敢想敢做，勇于尝试；保持开放的心态，保持新鲜感。

1.8.2　黎万强：语感和美感的修行

2016年9月，我应邀参加馒头商学院在北京的开学大课。其中有一场是小米联合创始人黎万强的演讲。很奇怪的是，他那场演讲并没有任何跟运营直接有关的内容。他的演讲题目是“语感和美感的修行”，他告诉大家要多读唐诗宋词，多看艺术画册。我认为这也是运营的灵气来源。

他说人生就是问道之旅，见自己，见天地，见众生。当时有人悄悄地离场，我抱有疑惑但还是听了下去。最后，老黎道出了为什么讲这些。

黎万强在小米市值最高的时候闭关隐退，又在行业竞争最激烈的时候选择回归。可能真是隐退期间的重读经典、悟道之旅，让他“满血复活”，重返战场，举重若轻。

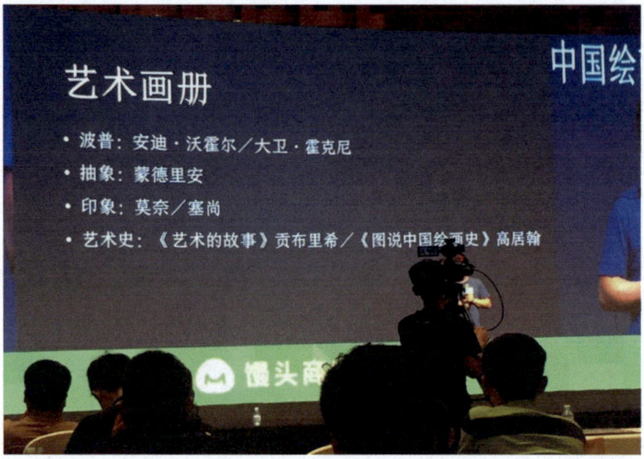

黎万强的演讲现场

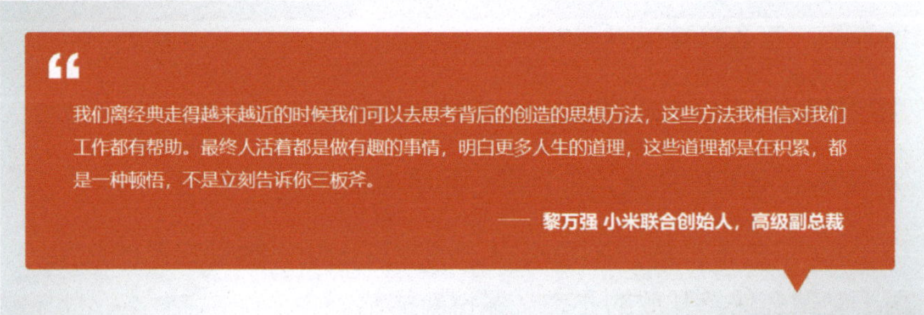

黎万强的感悟

我尚未有此般道行，但是小时候读过很多唐诗宋词，虽然很多已经记不完整了，但“意境”深深地烙在了脑海中；长大后又在工作之余，学茶、跳舞、读佛学书籍、练瑜伽、旅行等，接触了很多跨界的东西。运营是需要美感的，我们都知道这是一个拼颜值的时代。关于颜值，这不是一件交给设计师就不用管的事，运营人需要把控一种调性，这种调性可能体现在一个线下活动中、一张海报中、一篇推文中，也可能体现在给用户发的一封站内信中。方方面面，点点滴滴，决定了你和别人的不同。

或许对于运营新人来说，上面这些尚有些玄乎，但是欢迎你进入运营的世界。你会发现，在其中玩得越深，越会让你成为一个有趣、有深度、有灵气的人，这样的人在工作中路会越走越宽，在生活中也必定会成为备受欢迎之人。

02

第2章　运营思维

永远不要觉得自己是打杂的，

于细节中培养思维，思维决定你能走多远

思维是什么？人们通过思维来探索与发现事物的内部本质联系和规律，思维是认识过程的高级阶段。

思维对运营到底有多重要？过来人通常说思维很重要，初学者却觉得摸不着头脑。什么是运营思维？它是从哪里来的？我试图回忆刚从事运营工作前三年的心路历程，有一些细节在慢慢积累，日后才发现很重要，甚至某一天让人醍醐灌顶，犹如打通了任督二脉。我觉得这就是所谓的思维。

2.1 思维的重要性

思维是一个比较高级的东西，如果你安于从事比较简单、重复、无挑战的工作，它对你其实没什么用，或者说时候未到。它更多的用武之地是那些比较复杂、陌生、变幻、具有挑战性的事务。

感谢我所经历的每一份工作，没有一份是一眼能看到头的那种，每一份都很有挑战性。这也逼迫我去锻炼思维。

具体地说，思维的重要性表现在：**可以低成本学到新知识，还能迁移一些模型和经验到全新的项目中。**这对于需要频繁切换工作场景的运营顾问来说太重要了，如今我能在3天内上手一个新项目。

其次，**思维让你更有底气，**碰到一个陌生、棘手的问题时，不会乱了阵脚。就算无法马上想到解决方案（可能绝大部分人都不能），但我知道怎么抽丝剥茧、找到解决问题的路径。

最后，**如果要往管理层或者知识变现者走，你必须拥有“思维”。**把思维提炼出来传授给你的下属或学生，否则你们无法真正实现无缝对话，也形成不了长久的默契。授之以鱼不如授之以渔，说的就是这个意思吧。

2.2 移动互联网时代的新思维

网上关于互联网思维的解读众说纷纭，公认的互联网思维包括：用户思维、大数据思维、跨界思维、迭代思维、极致思维、简约思维、平台思维、社会化思维、流量思维。

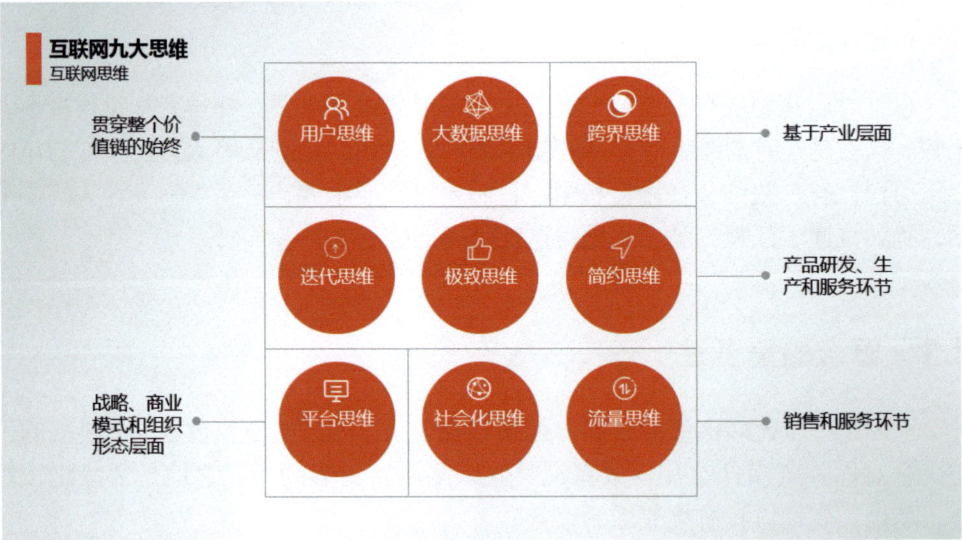

互联网九大思维

移动互联网时代到来之后，又有些新增的思维。2013年年底，马云召集所有管理者，要求全集团“All in无线”，“来往”（阿里曾经推出的一个对抗微信的社交App，如今已停止运营）那场仗真是来势汹汹。当时我还觉得不太理解，结果不到两年，在淘系的访问量中无线端就超过PC端了，真是翻天覆地的变化。当时我们的工作也有些变化，但是没有专门的课程来教我们怎么应对移动互联网时代，只能摸索着前行。现在回过头来看，就有新的认识了。

2.2.1 碎片化思维

基于地点碎片化、时间碎片化、需求碎片化的现状，随之而来的思考就是如何抢占用户的碎片化时间、如何在极短的时间里让用户“看上”你。淘宝的banner、宝贝详情页、频道设置、文章长短、活动玩法都有了变化。

2.2.2　粉丝思维

得粉丝者得天下。如何彰显品牌的价值主张，吸引有相同价值观的粉丝，激发粉丝的热情和参与感？现在大部分公司都有了双微（微博和微信），以前高高在上的品牌也纷纷走下神坛，用尽浑身解数和粉丝互动，偶尔“自黑”“小污”“卖萌”都是被鼓励的。小米的案例大家已经耳熟能详了，下面用淘宝来举例吧。

淘宝在2015年举办了“一万种可劲造”地铁艺术展后，反响很好，2016年开始举办造物节。造物节是淘宝继“双11”购物狂欢节之后针对“90后”年轻人打造的另一个节日。在淘宝造物节中，可以看到全球顶尖的高科技、“90后”明星偶像网红“造音造艺”、精灵古怪的淘宝店……众多“潮玩”、运动等年轻人群体还将以“部落”的形式展示自我。

2015 年淘宝“一万种可劲造”地铁艺术展

2016淘宝造物节（上海）

2017年淘宝造物节（杭州）

通过这些活动，原本深入人心的“万能的淘宝”进一步被添加人格化因素，成了“年轻的淘宝”“开脑洞的淘宝”“新锐的淘宝”“有趣的淘宝”“个性化的淘宝”，呼应了口号“淘，我喜欢”。阿里曾经做过一个调研，“70后”“80后”消费者使用淘宝的比例在缩减，一部分份额被京东、唯品会等对手蚕食；而“90后”使用淘宝的比例却在快速上升，这正是阿里想要的一群人。当5年前“90后”刚进入工作岗位时，各家品牌都在说要年轻化，要抓住这部分消费者，现在“90后”都已经开始结婚生子、成为消费主力军了，也不见很多品牌有实质性的变化。而淘宝在这方面做得确实好，让外界看到了变化。“90后”“00后”觉得用淘宝很酷，在这里可以淘到一些发烧友才知道的好东西，跟风买谁都知道的大品牌、标准化的商品，不酷！

小品牌甚至个人也需要做粉丝。互联网领域的大预言家凯文·凯利（Kevin Kelly）曾经提过**1000个铁杆粉丝理论：任何从事创作或艺术工作的人，例如艺术家、音乐家、摄影师、工匠、演员、动画师、设计师或作家等，只要能获得1000位忠实粉丝就能维持生活。**这1000位忠实粉丝是那种认可你的价值观的、愿意为你付费的、愿意为你做口碑传播的，找到并维护好他们，虽然你不一定大富大贵，但是至少不需要再为生计发愁了。这个理论对本书后面要讲的内容运营的定位也有指导作用。

2.2.3　快&聚焦的思维

移动互联网时代变化快，你无法同时做很多事情，所以要聚焦，边瞄准边射击。确定不做什么比做什么更重要，只有这样才能快速响应。我在天猫时，在与管理层的接触中加强了对这个理念的认识。马总对管理层的要求是：**不做决定的老板比做错决定的老板更可怕。**在此理念的指导下，我们呈上批示的文件总是能得到比较高效的回复，就算有些决策在事后看不是那么正确，大家也能理解、包容。在复杂的环境下做出快速的判断，真的是太难了。另外，基于阿里的**拥抱变化**企业文化，业务经常被拆分重组，有时甚至在48小时内实现了从宣布到转换完成，这可不是一般公司能吃得消的。一开始很多一线员工想不通，但惊奇地发现每次拆分重组后好像确实有新的增长点，大家每次也都呵呵一笑：“又拥抱变化了。”

“快&聚焦”对运营来说，有时是与既定思维冲突的，比如后面会讲运营要有流程化思维、精细化思维，这些思维相对来说比较稳重、注重细节。但如果有时形势容不得你那么流程化、精细化，就需要配合大策略做出改变。**时机比完美**

更重要，选择比努力更重要。明白了这些，在移动互联网环境中做运营才不会觉得憋屈、拧巴。

“聚焦”对个人能力模型和个人IP打造也是非常有指导意义的。以前有个著名的木桶理论，“一个木桶能装多少水，取决于最短的一块板”，强调人要补强自己的短板，全面发展。但在互联网时代，这个理论不适用了。与其花大力气治愈自己的“顽疾”，不如聚焦在强化自己的核心竞争力上。你的长板而不是短板决定了你的价值。对于你的短板，完全可以通过合作、外脑、导师、外包等方式弥补。

在打造个人IP时，把自己最有特色、最有竞争力的那个标签找出来，让别人记住你，然后在过程中反复印证这个标签。很多人一开始会堆砌标签，觉得一个标签显得不够强、不够自信，喜欢用三五个标签一起来呈现自己。这其实并不好，用在自己身上不好，用在产品上也不好。用户记不住的！不如大胆割舍，只保留那个最有特色、最有差异化、你最感兴趣、最受市场欢迎的标签，用所有力量去诠释、强化它！

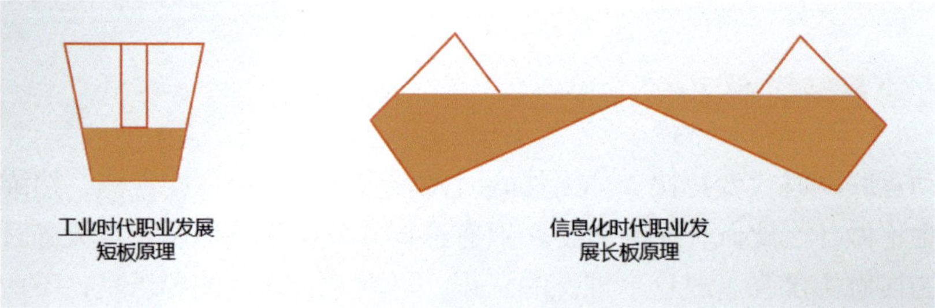

木桶理论，从短板原理到长板原理

2.3 四大通用运营思维方式

前面介绍了运营工作的大环境，希望从传统行业转型的读者此时能够跟上学习节奏了。我们接下来学习运营思维。黄有璨在《运营之光2.0》一书中也详细定义过运营思维，我认同并践行着这四种思维，虽然有些其他心得，但没必要重新定义，故在此还是借这四大思维说说我的理解和应用，下一节再讲讲我的其他“私房”心得。

四大运营思维：流程化思维、精细化思维、杠杆化思维、生态化思维。

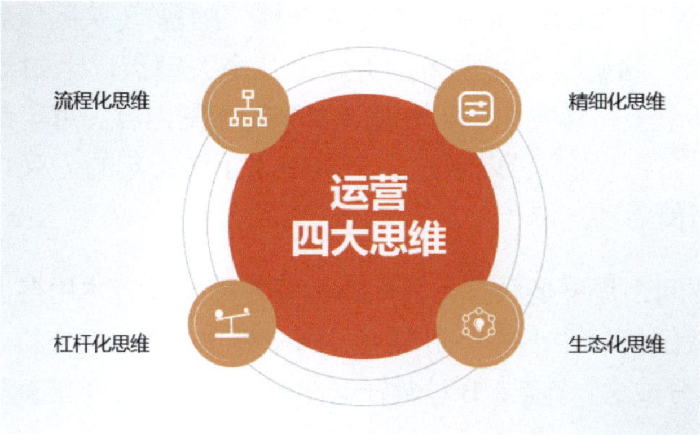

四大运营思维

2.3.1　流程化思维

一个成熟的运营人员拿到一个任务时，会去梳理它的全流程，把大问题拆分为无数细小的执行细节，这样会让事情变得不一样。流程化思维，一是体现在当前问题的处理上；二是体现在做完当前任务后，把经验沉淀成一个标准流程，下次遇到类似任务时可以借鉴，从而节省不少力气。我就职过的携程和阿里都是非常重视流程化的。

举个例子，你能想象“双11”活动的经验可以做成一本厚厚的SOP吗？

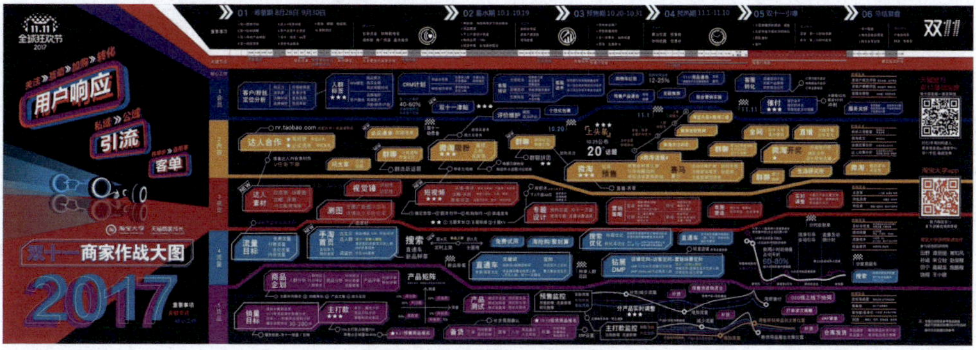

“双 11”活动中的一张SOP

SOP：Standard Operating Procedure，即标准作业程序，就是将某一事件的标准操作步骤和要求以统一的格式描述出来，用来指导和规范日常的工作。这个概念在制造类企业中用得较多，竟然被用在了具有创意的“双11”活动中。很多人会感到疑惑，“双11”难道不是每届都重新开展“脑暴”（头脑风暴）吗？是的，每年“双11”前“脑暴”会非常多，主要定几个关键点，比如节奏、主题、玩法。但在执行环节上，其实和往年有超过50%的相同内容。每年都有新同事加入“双11”项目组，因此完全可以通过一个SOP来了解历年的“双11”活动，直接获取经验用于当前活动。

也许有人要问，是不是只有大公司的运营才需要或者才用得上流程化思维？当然不是。你做任何一件小事都用得上。同一件事，A能把它拆分成3个关键节点，B能把它拆分成5个节点，B对做好这件事的把控程度可能就要高些。

2.3.2 精细化思维

和流程化思维紧密相连的是精细化思维。其实在SOP中已经体现了精细化。例如下面这张图，是阿里另一个非常重要的活动——“618”年中大促活动中的一个banner。从这里面的哪个细节可以看出精细化呢？

对，就是那个悬浮按钮上的文字“最后疯抢1小时”，结合截图的时间23:24，聪明的读者应该能联想到，这个按钮上的文字是每个小时更换的。在活动当天的最后几个小时开始倒计时，可以给人一种紧迫感。这个小小的动作虽然给开发和设计人员带来了一点麻烦，需要多做几张带有不同时间文字的banner图，并且设定好更换时间，但效果是显而易见的。特别是在当日流量可以达到百万、千万数量级的大型活动中，banner的点击率高1个百分点，就可以让Landing Page（着陆页，点击这个banner后到达的页面，通常是一个展示多种商品的会场）增加上万甚至上10万的UV（独立用户访问量）。

促销banner

2.3.3 杠杆化思维

先做好某一件事（破局点），再以此为杠杆点，去“撬动”更多更好的事情发生。

阿里运营特别善于找抓手、树标杆、做Showcase（俗称样板戏），这都是杠杆化思维的体现。本书将在第5章讲关键人营销，在第6章讲挖掘和维护关键人，其中都会运用杠杆化思维。杠杆化思维常用于创业公司，在资源匮乏的时候做到四两拨千斤，甚至空手套白狼。难道阿里这种大公司也需要杠杆化思维吗?是的。阿里是艘巨轮，但一线的运营人员在各自岗位上各行其是时，其实也会遇到很多阻力和资源不足的情况。对于杠杆化思维在工作中的运用，从事过BD（Business Development，商务拓展）岗或者KA（Key Account，俗称大客户）运营的人应该深有体会。举个例子，有一年天猫要做时尚化。"时尚化"这个虚的词拆解成可衡量的数据指标就是国际一线品牌入驻天猫的比例。当时天猫平台是非常缺这类品牌的，这样的品牌也确实比较难谈，他们对进驻中国的电商平台疑虑重重。有一位KA运营人员花了近1年时间写了上百封邮件才邀请到某国际一线化妆品品牌进驻天猫。如果从KPI完成情况来说，你可能觉得她很傻，花那么大力气啃个大骨头，不如搞定10个更容易搞定的品牌，但这位KA运营人员认定了这个品牌就是个杠杆点（破局点）。该品牌入驻后试运营3天，交易额突破600多万元，创下天猫美妆单品的销售纪录，是线下N个专柜的销售业绩总和，这在业界引起了轰动。之后这位运营人员用这个Showcase去进行商务拓展时，各大品牌相继入驻。这里有个关键点，把这个关键品牌请进来并不算完成任务，它能否成为一个Showcase取决于它入驻后的首次亮相。这位运营人员很负责地跟进店铺开张、商品上架、宣传预热等工作，把每个能动用的资源都争取到去为该品牌引流，而不是把工作移交给活动运营人员。当时，我甚至在淘宝城的厕所广告位、阿里内网、群发邮件中都看到了该品牌开业促销的消息。在轮番轰炸下，我们很多内部小二都成了顾客。

2.3.4　生态化思维

生态化思维，听起来有种"隔山打牛"的感觉，运营工作中的大部分都不是在直接完成KPI，而是在做一个局，局做好了KPI自然就完成了。我在淘宝做卖家运营工作时，有一年的KPI是帮助卖家成长。这是一个很大的命题，单凭我一个人的力量是肯定完成不了的。说实话，作为一个脚下没沾泥、没有经历过行业里的摸爬滚打的人，我对于一个卖家在做电商的过程中会遇到的种种问题理解并不深刻。我只能拆分"GMV=浏览UV × 转化率 × 客单价"这个公式去指导他们，有种站着说话不腰疼的尴尬。那时我在想，在阿里中除了有小二、卖家、买家，还有谁？阿里本身就是一个生态圈，我应该在其中寻找破题之道。为了赋能卖家，我会为他链接所有阿里生态圈里的资源，最主要的就是阿里妈妈、淘宝达人、TP（Taobao Partner，第三方开发或代运营）、菜鸟物流等。阿里妈妈主要售卖阿里系广告，包括淘客、钻展、直通车，我虽然不需要卖广告，但我知道要提高卖家的流量，购买广告是个必要的途径。怎么购买？购买后怎么让投入产出比更高？这就需要专业的人来教了。我和阿里妈妈的小二联系上后，他们非常愿意帮我指导卖家。这样，如果我的卖家买了广告，既帮助提升了阿里妈妈同事的KPI，广告带来的转化又帮助提升了我的KPI。

阿里生态圈简图

在阿里系之外也有很多这样的例子。比如新锐电商App网易严选，在常人看来跟淘宝是对立的，很多用户说，自从迷上网易严选，好久没逛淘宝了。就是说，两者是有一定竞争关系的。但有一天我突然发现网易严选在淘宝开店了，一方面佩服网易严选的全网战略，一方面佩服淘宝的大气。没有永恒的朋友，也没有永恒的敌人。至少在当前，它们是互相需要的。

2.4 高阶运营独有的产品化和数据化思维

以上讲的运营的四种思维方式是每个运营人员都需要的，也适用于非互联网环境下的运营。互联网环境对运营工作提出的最大挑战，也恰恰是最容易拉开现代运营人之间差距的两点思维是：产品化思维和数据化思维。我把它们定义为高阶运营独有的两项思维。

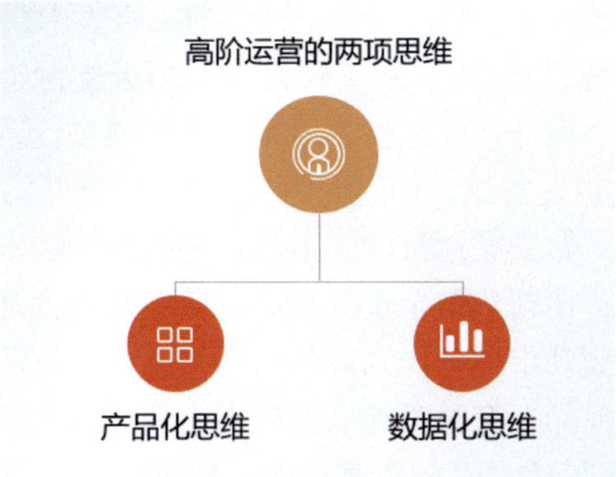

高阶运营独有的两项思维

当你靠人肉、拼体力从事一两年运营工作以后，你就是个熟手了。这时你会发现运营半径可能不够广，即便多招了几个小伙伴、多配了几部手机、同时用上几个小号、多建了几个群，效率也提不上去，还让自己累得怀疑人生，好像依然在打杂，做的事没有什么含金量。这时候就需要产品经理来帮助你了。虽说产品和运营是常常吵架的两个部门，但从更高的层面考虑两者应该是互相扶持、互相依靠的。说功利点，没有产品经理帮你实现运营操作工具化，你怎么可能在履历中写入“负责过用户量上百万的产品”的运营经验？

这就涉及运营人员和产品经理的沟通问题了。虽然阿里是运营驱动的公司，但并不是说产品经理和开发人员就等着接你发的需求了，而是要靠PK，靠抢的！怎么抢呢？不是要跟产品经理喝酒卖乖套近乎，而是用数据告诉他你有多需要这个工具，有了它工时会节省多少、转化率会提升多少、GMV会提升多少。产品经理是非常理性的一群人，也可能是被运营人员画饼“坑”惯了，光靠凭空想象出的预期数据还不能说服他们，他们需要看到运营人员再往前走一步做出尝试，通过实验得出大概结果。这好像有点苛求运营人员。有的运营人员就跟我抱怨，验证需求这不是PD该做的事吗？

如果运营人员没有产品思维，那只能由PD来主导了，这也决定了你把主动权拱手让人了。正如我知道在产品驱动的腾讯，其中的PD也是非常全能的，会懂一些运营策略，因此才可能掌握主导权。

举个例子来说明我是如何让产品经理把我的部分工作产品化来提高效率的。我在淘宝做卖家运营时，最开始的卖家分层是我用Excel表做的，用指标的组合来给卖家分层。比如针对某次活动，我们要选符合某条件的卖家的某单品上活动页面，我必须让商家在后台报名，然后导出到Excel表中，用我设置的条件去进行筛选。一开始我选取日均UV、购买转化率、30天支付宝成交额、商品折扣率等指标进行筛选，手工操作还能应付，后来发现可能多设置些指标筛选出来的商家商品会更好卖，我想去尝试，但这时用Excel来做就非常麻烦了。而且，这不仅是我一个人的需求，做卖家运营的同事基本都有这个需求。这时，如果我直接去跟产品经理提需求：请帮我做个选品工具，里面要包含几十种指标，每次活动前可以选出其中几项到几十项来作为条件组合，比如根据活动调性，有时可能需要挑出促销力度大的商品，有时可能需要挑出上架时间比较近的产品，等等。在阿里，PD会比运营人员离卖家和买家远些，他可能会挑战你，凭什么你觉得指标项数多了就能让选出来的货卖得更好呢？我可以跟他说，正巧我要做某活动了，我们来测试一下吧。A页面用我原先的选品方法，B页面用我设想的新选品方法，您做一个灰度发布（即让一部分用户继续看到A页面，一部分用户看到B页面，如果用户对B页面没有什么异议，那么逐步扩大范围，把所有用户都迁移到B页面。灰度发布可以保证整体系统的稳定，在发布初期就可以发现并调整问题，以控制影响范围），咱们来进行A/B测试，活动结束后我们来对比 A、B页面的浏览转化率（IPVUV/浏览UV，反映到达宝贝详情页的用户比例）、购买转化率、引导成交等指标是否有提升，如果没有提升就不浪费您的时间了。作为一个运营人员，你愿意这么去跟PD沟通的话，我相信他对你也会多几分敬意。后来，果然PD就为我们卖家运营做了一个叫“卖家云图”的工具，如下图所示，非常好用。

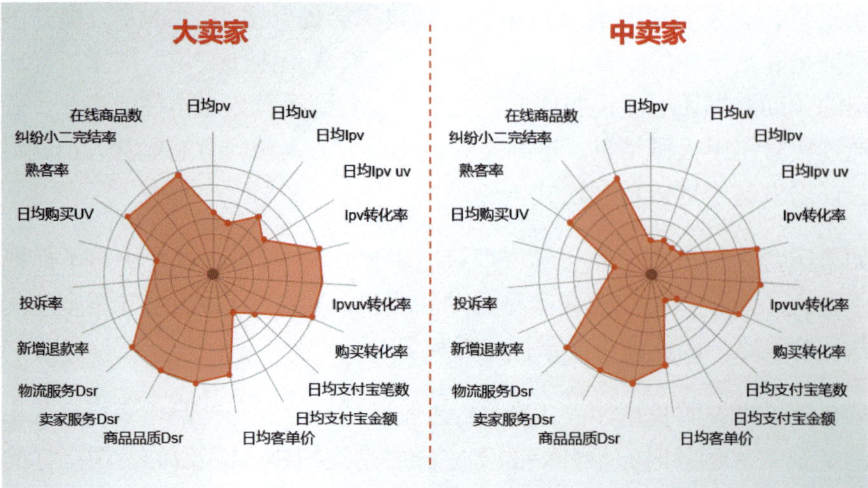

卖家云图，阿里数据产品之一

这个工具还可以嵌入报名系统，我在发布活动报名时就把指标及数值设置好，商家报名后立即就能知道自己是否能入选活动、因为哪项指标没能入选。我都不用导出Excel表了，这也杜绝了人为操作因素，让我们的工作更加廉明公正。

另外，近年来阿里非常强调内容营销，淘宝App的首页上多了内容导购栏目，如“有好货”“必买清单”等。这一定不是产品经理拍脑袋做出来的，而是运营人员通过A/B测试验证其对提升转化率是有用的。这个验证怎么做呢？比如A页面和B页面的商品是一模一样的，但是A页面用传统的货架式陈列方法，仅有商品图片、名称和价格；B页面以长图文的形式展现，比如以达人的口吻来介绍秋季到来如何做面部护理，心得和相关产品混排。这两个页面就可以投放到首页去做A/B 测试了。B页面在浏览深度、用户停留时长、购买转化率上可能都优于A页面。不过一次活动也不一定能测试出来准确的效果，条件允许的情况下，可以多做几次测试。

2.5 如何培养运营思维

我认为，培养运营思维最快最直接的方法就是进入大公司去磨炼，或是让一个在大公司待过的运营高手来带你。在工作场景中实战是不可替代的经历，是任何课程和书籍都替代不了的。我在携程和阿里的5年多时间里，实际上并没听过多少外面的讲座，内部就有知识“盛宴”供我享用，并且那些是离我最近、最适合、不需要转译的第一手知识。面对目前过剩的在线课程，你首先要判断主讲人是什么背景，公司阶段、行业是否和自己一致，内容是否适合自己，要不然很容易“走火入魔”，产生知识焦虑。

如果你暂时进不了大公司，建议从一些经典图书中获取养分，比如看看《二八法则》《影响力》《金字塔原理》等书籍，经常和不同背景的同行开展“脑暴”，和大公司的人打交道，比如你可以作为卖家或合作方入驻某些电商平台，在跟平台的运营人员打交道中也能感受一二。很多能玩转淘宝的卖家很厉害，他们能在纷繁复杂的商业环境中消化吸收并迎合淘宝最新的政策，用好淘宝提供给卖家的各种智能工具，实际上是非常先进，也是非常不容易的。开个淘宝店并不比你以为的其他创业容易。

两个锻炼思维的工具：分层和四象限

在日常工作中最常用的两个锻炼思维的工具——分层和四象限，就来自于经典理论和实际工作的结合。

分层的思想被广泛用于用户分层，是精细化运营的前提。比如我可以用单维度（即一个指标，如一年内购物金额）来对用户分层，也可以用双维度（即两个指标，如一年内购物金额及购买频次）来对用户分层，还可以用三个维度（如一年内购物金额M、购买频次F、最近一次购物时间R）的RMF模型。

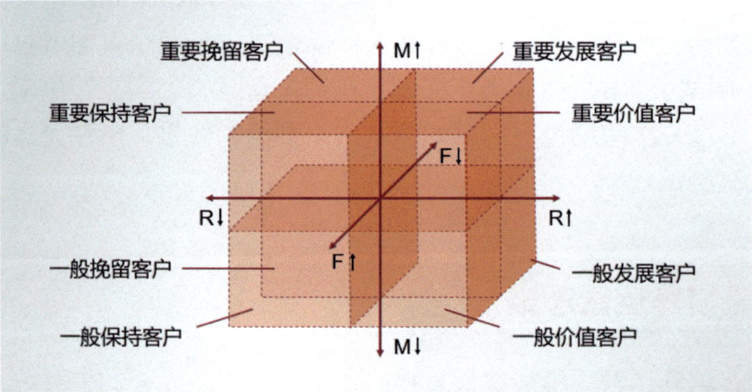

RMF分层模型

当你有了分层的理念后，难的就不是怎么分，而是怎么设立标准，什么频次算高消费频率，消费多少算消费力高，这些都需要你懂业务、懂大盘，并且需要不断修正和改进。**在淘宝做卖家运营的初期，我们更多的是对卖家上年度的GMV结合他与我们小二的配合度来分层的，分成头部卖家、腰部卖家、尾部卖家。**这个模型适合很多公司刚起步时用，因为即便某卖家非常能卖货，但跟平台不配合，那在我这里可能是要降级的，我们应该以流量为诱饵团结那些愿意长期与平台共同成长的卖家。当卖家越来越多、竞争越来越激烈后，我们就会新增维度，比如DSR（动态服务评分）、客服响应时长、纠纷退款率（纠纷退款率=30天内纠纷退款笔数/支付宝成交笔数×100%）、购买转化率、客单价等，这些指标可以帮我们找出更健康、更能服务好用户的卖家。这里要提醒卖家朋友，DSR和纠纷退款率是两条红线，如果DSR低于4.6分，纠纷退款率大于0.1%，基本上是参加不了任何官方活动的。

四象限广泛用于优先级的排列，也是一项很好的锻炼思维的工具。最常见的应用是对事情优先级的排序。

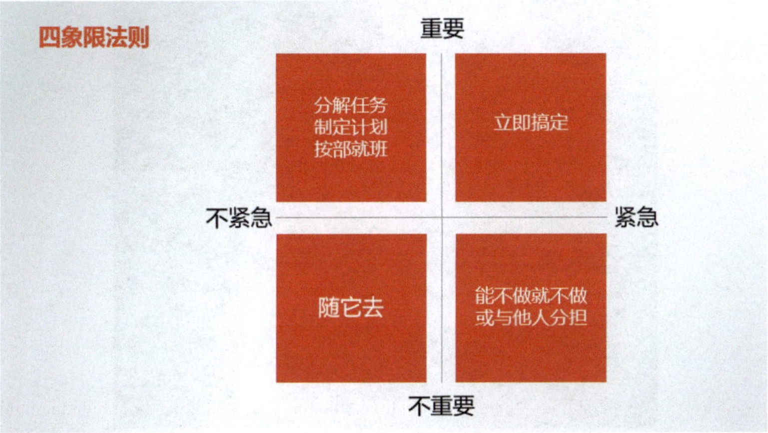

四象限法则用于优先级排序

波士顿矩阵也是一种用四象限的方法定义业务板块并有针对性处理的模型。

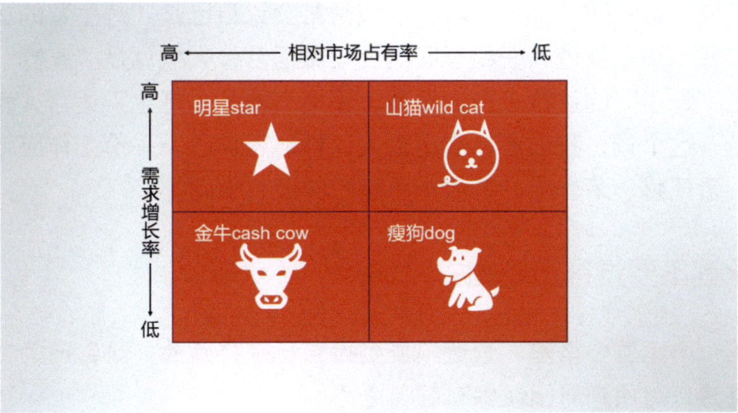

波士顿矩阵

我把四象限和工作场景结合，最常用的就是渠道的优先级分析。当你的流量来源很多时，可以以转化率做横轴、流量做纵轴，把渠道分 4 个区间填进去。每个区间里的渠道优先级判定不一样，相应的对待方法也是不一样的，如下图所示。

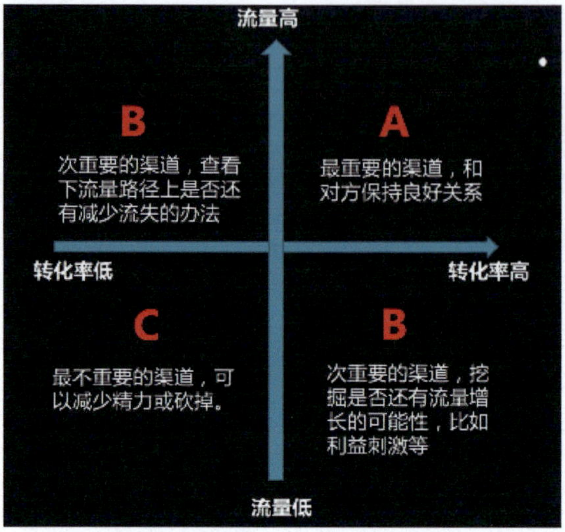

四象限用于渠道优先级的判定

2.6 做运营的私房心得

我在开展“运营圈子计划”时，学员常常会说自己是“野生”的运营人员，是打杂的。我一毕业就进入一线互联网公司做运营，大概算是“家养”的运营人员。市场上“野生”的运营人占大多数，逐渐有很多“野生”运营人崭露头角。倒是“打杂”这个词，我很不喜欢运营人这样形容自己。一份工作应该让你觉得有使命感、责任感、荣誉感，每件小事背后都很有学问。

2.6.1 永远不要觉得自己是打杂的

我的第一个运营心得是：永远不要觉得自己是打杂的，给自己的工作赋予价值感、荣誉感，对用户对团队保有敬畏之心。

从一开始，我就没觉得自己是打杂的，我做每一件事都会觉得有趣。这些事真的是大众认为有趣的吗？我说给你们听听，你们可能觉得并不是。

我在携程时，每周要做全国销售人员的周报，然后发邮件给公司高层。当时我的主管要求很严格，要求收件人、抄送人、邮件标题、邮件正文、邮件结尾，都要做到得体、尊重、严谨。附件的Excel表格更是每次的大工程，会用到很多函数，数据量巨大，稍不注意就会出错。我还要参与质检工作，抽查销售人员的录音记录（他们在工作时间会携带录音笔，把跟用户的交流都录下来，接受总部的质检）。我们提取录音中关键的字词，按一张很详细的打分表来进行评分，选出优秀录音给各大区分享推广，选出问题录音给大家作为警示。还需要根据携程当前的活动、政策，不定期修改销售话术，推广给全国销售人员去执行，并在后台检测效果。

以上这些事情听起来是不是也挺无趣的？

但每次我想起这些数据背后都是销售员辛辛苦苦一个个干出来的，跟他们的业绩和荣誉感有关，在处理数据时，我就不敢懈怠；每次我发送邮件时，想到我的报表和简短点评会影响大老板做出判断，影响他对各个大区的印象，我就字斟句酌，力求逻辑清晰；每次我想到我们部门制定的话术和质检标准，会被成千的销售员运用到跟上万客户的沟通中时，合理的话术可以减少他们被拒绝的概率，让用户对携程印象更好，会员转化率更高，我就会很认真地去听每一个细节，还原用户心理，做出人性化、合理高效的话术。虽然这套东西携程现在不用了，但是对于重视线下拓展的互联网公司还是适用的，这是精细化运营的范例。

你们可能觉得这是因为在大平台，一个决策可以影响到很大的群体，所以我会有这种敬畏感。不全是的。我自己也经历过初创公司，你要当成是你自己在创业，而不是打工的。创业公司的每一个用户来得更是不容易，所以我在做站内活动或者用户运营时，尽量走心。如果用户在我这里流失掉了，我对不起前线的市场推广。我真的经历过项目“死掉”了，但用户还惦记着我们的情况。我觉得无比欣慰，付出是值得的，痛过之后，收获的都是你可以受用一辈子的东西。

2.6.2 深耕行业

我的第二个运营心得是：脚踏实地，仰望星空，深耕行业。运营是一个很细节的工作，做久了人会比较“疲”，也比较容易陷入细节，难以出活儿。所以我们看到很多工作两三年的运营人后劲儿不足，薪水想往上跳个台阶挺难。这个时候，建议你“仰望星空”，就是跳出日常琐事，关注一下竞争对手在做什么，领导发布了什么新的策略，兄弟部门在做什么。让你的认知上升一个高度，这样你在下次做一个决定时可能就没那么“小我”，而会考虑到大局势。另外就是“深耕行业”。基本的运营技能相信你已经熟能生巧，选一个喜欢的垂直行业来与运营工作进行技能跨界，这可能是你之后发力、做出差异化的地方。比如我会把运营技能与喜欢的旅行行业、民宿行业、文创行业来做跨界。对于不熟悉或者不感兴趣的行业，我不敢夸夸其谈。你只有真正了解一个行业，了解用户，了解场景，才能做出真正有效的运营策略。**不做泛场景的无差别运营。**

2.6.3 突破舒适圈，获得主动权

我的第三个运营心得是：在局势逼自己改变前，突破舒适圈，抢占先机，获得主动权。我觉得自己有三次很棒的“抢占先机”的经历。

第一次是从携程到淘宝。2011年我所在的携程销售部还是携程的主要业绩来源，当时主要靠地面部队获取用户，我们称其为Offline，线上营销获取用户称为Online。线下的体量虽然大，但是增速低于线上。我当时意识到线上一定是发展趋势，也羡慕、向往那些在线上更加发力的公司。于是在2011年“双12”入职淘宝。半年后，我之前所在的携程销售部命运急转直下，远在美国的携程“四君子”之一James嗅到了变革的来临，提前采取了激进的手段，砍掉了大部分一线销售人员。我之前所在的销售运作部的同事也转岗去了其他部门。如果晚半年再动，主动权就不在我手上了。

第二次是阿里内部转岗，从运营部转市场部。中层以下的运营人员做的事其实挺简单的，跟工具和卖家打交道比较多。**我觉得平台型公司一个很重要的特征就是，运营人要把自己习得的经验形成规则，交给产品部门去批量解决问题。**如今更是机器人去学习，人工智能替代了大多数基础运营人员要做的事。我琢磨着，运营人需要去做一些更有创意的事，但很多资源掌握在市场部手里，在那里你更容易让创意被放大，影响到更多人。我问自己：“如果有一天你离开阿里，还有什么想学的?”我想是天猫市场部主导的“双11”，这是阿里最厉害的品牌营销活动，我想参与其中。于是我争取转岗去了天猫市场部，先后待过两个很核心的组——整合营销组和品牌营销组，对我的视野有极大的提高。在这里我学到的最厉害的东西是“用户洞察”。这是在运营的世界里鲜少被提起的一个词，但是在它的加持下，我觉得自己跟其他运营人不一样了，段位提高了不少。

第三次抢占先机是离开阿里后的落地。在天猫品牌部的最后日子里，我们每天要想100个想法，最后仅有1个想法能被付诸实施，但有时并不是我们认为最棒、最振奋人心的那一个，可能是最不容易出错的那个。我觉得其他99个想法太可惜了，广大中小商家拿到这些想法完全可以直接用。我希望我的工作能更有普适性，帮助更多人，而不是给皇冠上再镶一颗宝石。离开平台后大多数人都有不适应的感觉。前些日子，看到另一个离职的阿里人在朋友圈发了一张截图（如

右图所示），其中的提问很能打中前阿里人的痛点，相信很多人都有那个阶段。万万没想到的是，那条回复太打动我了。（注：未辨别提问者和回复者身份的真实性。）

阿里巴巴员工回复：

你要记得，你现在就是已经学成下山的人，不要再想念为师，你要记得，紫檀未灭，我亦未去，拿出你的看家本领，师门之下，不曾有过放弃。坚持和学习，是你在阿里学到的唯一能陪你度过一生的本领，这个本领可以让你撑起一切，不要怀疑自己，也不要想着回山，好好做自己，你所在的每一个战场，你，都是指挥官。

的确如此，坚持和学习，是我在阿里学到的唯一能陪我度过一生的本领。

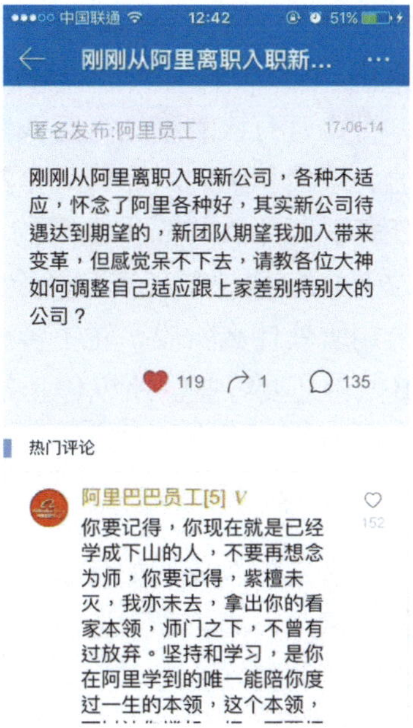

离开阿里后如何调整不适应的心态

如果想直接迁移在阿里的工作技能到新的公司和岗位，一定会头破血流。不只是阿里，对于很多大公司都是这样，很多东西都是内部自成一体的，规则、行为处事方式、协作习惯，换一个地方完全要重新适应。2015年，我加入了如火如荼的移动互联网创业大潮中的东家App，完成了这样的落地。同期，阿里也在全面“All in无线”，但阿里运营团队里只有不到一半的人做跟移动互联网相关的事，其他的人做的事跟原来大同小异。而我已经正式在移动互联网中开始摸爬滚打的实战，实际工作中90%的技能都是被刷新过的。

抢占先机并不代表我不念旧情，不与团队共生死。我非常感谢携程对我的培养，会做它一辈子的“铁粉”；我非常感谢阿里的内部转岗制度，让我在4年多时间里，能无时无刻不大口吸收营养。

2.6.4 享受戴着镣铐跳舞的感觉

最后，**第四个心得是，运营要享受戴着镣铐跳舞的感觉。**运营工作本身就是一件限制条件特别多的事，本来就是要自己创造条件完成任务的岗位。作为运营人，不要一会儿抱怨没有资源，一会儿抱怨没有团队，一会儿抱怨没有预算，如果什么都有了还要你干嘛呢？马云经常在公司里说的一句话说就是：**“不难要你干嘛！”**不要羡慕别家公司有钱有资源。我自己是有钱没钱的公司都待过，说实话，有钱有有钱的难处，有钱你真的能花得好吗？那要承受更大的财务考核、期望值、风险和压力。**运营工作本来就是在一定限制条件下，比谁能多快好省地完成任务。**如果A的简历上写的是一个月拉新10000用户，B的简历上写的是一个月拉新1000用户。其实有经验的运营Leader不一定会认为A更优秀，要看A当时的公司所处什么阶段，花了多少钱做到的。如果按一个用户的拉新成本来看，或许B做得还要好些。所以停止抱怨吧，把现有的资源用起来，在现在的底子上做得比以前好一点点都是进步，都是可以作为日后的谈资的，不是一定要经历大风大浪。**平常心做非凡事。**

太多文章教我们如何做一个厉害的运营人了，却没人告诉我们怎么做一个快乐的运营人，离苦难远远的。我觉得前面虽然没有介绍具体技能层面的东西，但能帮我们调整好心态。一个心态好的运营人能走得更远。

03

第3章 阿里运营牛在哪里

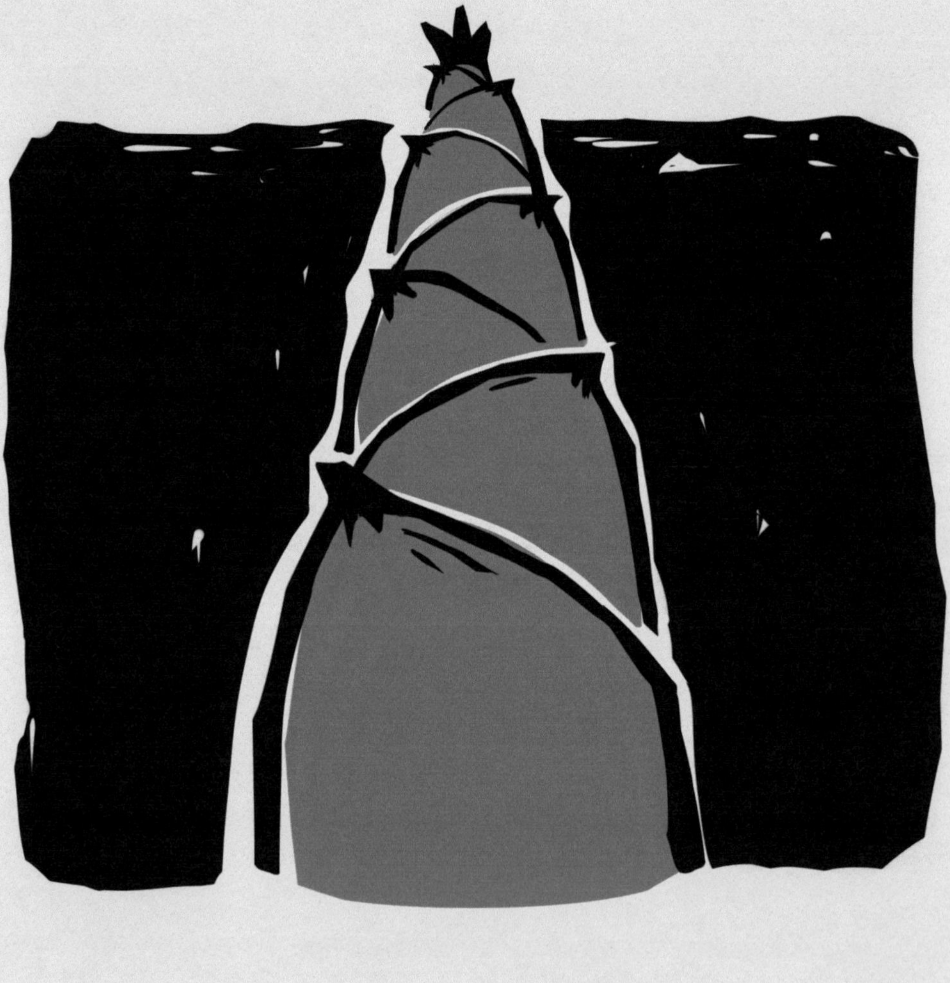

当你感到不舒服的时候，就是你在成长的时候。

——我在阿里学到的最重要一课

我于2011年“双12”加入阿里巴巴，第一个岗位是淘宝旅行（现更名为“飞猪”）的酒店频道运营。飞猪当时算内部孵化的一个项目，员工非常少。基本上我一个人要把酒店频道的类目运营、卖家运营、活动运营的事儿都做了。这帮我全面了解了淘宝的运营体系。后来，飞猪换到天猫系统下，运营方式又有所区别。再到后来，飞猪作为独立事业部有了自己独立的系统，其中经历了许多波折，但正是在这样的环境下，锻炼了我很好的适应能力。后来我去了天猫市场部，虽然不是运营岗，但在做整合营销时需要与运营人员密切打交道。

总的来说，在以“拥抱变化”著称的阿里，我经历过的印象最深的两个变化是“All in无线”和人工智能在运营上的应用。前者是轰轰烈烈的，标志性事件就是全民推广“来往”App；后者则是润物细无声的，当你有所察觉时可能会发现手上的很多工作都可以被人工智能替代，甚至有些工作已经被替代了，真是令人惊叹！

在我离职时，有老员工对我说：“感觉我在阿里工作了七八年都没有你懂阿里运营?”我觉得是因为我有幸加入了一个很有活力的内部创业项目，并且是阿里版图上很重要的一块。**如果我是在一个做了一年就被“砍掉”的创新项目组，或者是在一个做了三年都没什么大变化的项目组里，我一定不会得到那么有价值的锻炼。**

记得在大学时同学们都喜欢说“我以后想找一个有挑战性的工作”，进入工作岗位，搭上阿里这艘互联网巨轮后，我发现挑战无处不在。虽然阿里的版图已经非常庞大了，但是大部分岗位还是非常有挑战性，根本不会让你觉得乏味，有时还让人心里暗暗祈祷，“拜托，也不要天天挑战啊！”所以，如果你能承受高压的工作环境，乐于在工作中找到成就感，阿里应该是适合你的。

我经常收到向往阿里的求职咨询。现在，阿里的招聘门槛越来越高，并且会有独有的“闻气味”环节。所以，若你暂时没能进入阿里，也并不代表不够优秀。本章会介绍一些真实的阿里工作场景，让读者们来看看阿里的运营到底牛在哪里！

我和我的阿里小伙伴们

3.1 当我们谈论“阿里运营”时，我们到底在谈论什么

当2011年我成为一名阿里运营人员时，“阿里运营”这个名词还没有什么光环，仅是阿里几万名员工中占比最大的一支队伍而已。当时我学习的劲头很足，阿里本身也像一所大学一样，提供各种学习的软硬件，工作以外的事务，公司都安排得妥妥帖帖的。在这里工作心无旁骛，埋头苦干，勤勤恳恳，乐此不疲，但有些变化就在日日“折磨”中悄悄产生。正如在入职培训时马云告诉我们的：**“加入阿里巴巴，我们不承诺你会发财，不承诺你会成功，不承诺你会当官，但是我们承诺你会很倒霉、你会很受委屈。”**

阿里运营作为一个对外的“王牌部队”，它绝不是仅指运营岗位上的职员。想想我在阿里具体从事的工作，好像也并没有特别难，相比创业公司无资源情况下的冷启动，很多事比在阿里还有挑战性。所以，我们说阿里运营牛，不是说他们做的具体事有多难，**而是管理和运营的有机结合、把策略拆分落地的强大执行力，以及高层对趋势的判断和强势推行。**

说到这儿，如果你是一名管理者，推荐看看有关阿里管理的资料，比如天机（前天猫智囊团负责人）所著的《三板斧：阿里巴巴管理之道》、卫哲（前阿里B2B业务CEO）在“喜马拉雅”上的付费栏目“卫哲的商业实战课”。本章接下来想具体说说阿里运营的一些特质，以及数据驱动、人工智能在阿里的践行，这也是我对“阿里运营牛在哪里”的一个解读。

3.2 阿里的运营分类及职责

在阿里，淘宝、天猫、飞猪和菜鸟等都是独立运营的。淘宝和天猫的架构比较相似，纵向有大约6个行业分类（例如服饰、鞋包、美妆和电器等），每个行业分类下面会设置这样一些运营岗位：卖家运营、活动运营、类目运营、KA运营、产品运营、内容运营。横向还有一些运营岗位，如微淘、淘宝直播、淘抢购等的产品运营，还有负责会员、规则、商家成长等工作的运营岗位。对于纵向的行业运营人员，要求对行业有一定的了解，特别是KA运营、卖家运营、类目运营，这些岗位更是要求对行业有深入的了解，基本上都是从行业内挖来的资深人士。横向的运营岗位则需要对接各个行业的运营人员或TOP卖家。

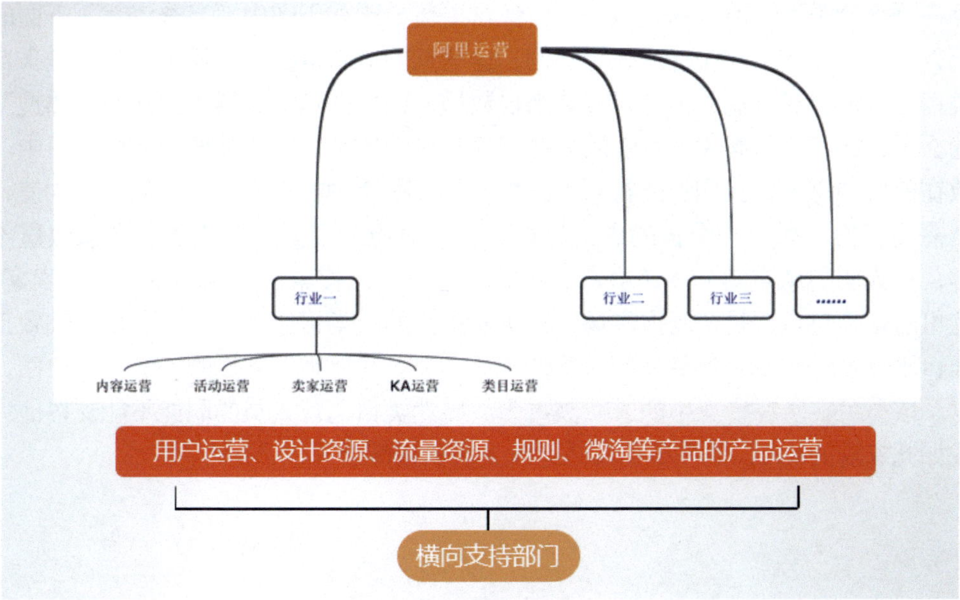

阿里淘系运营的分类

值得一提的是，在阿里新媒体属于市场部，流量运营也属于市场部，没有数据运营这一岗位。针对每个行业会配1～2名BI（Business Intelligence，商业智能）人员来支持比较复杂的数据化运营，以帮助老板做预测和决策。一般的数据提取和处理、现状分析、原因分析，由各个运营人员自行完成。

下面简单介绍这些运营人员是做什么的，但这绝不是下定义，因为阿里的运营工种有它的特殊性，更普适的运营分类及工作内容见本书第4～7章。

3.2.1 类目运营

类目运营是一个需要非常了解行业的岗位，它是一个基础岗位，是一个电商网站最早需要的运营人员。现在淘宝和天猫的类目非常成熟，除非有新业务上线，否则基本不会再招聘新人。类目运营人员会把海量的货品按一些属性定义成不同的类目，这样卖家在发布商品时可以选择属于哪个类目。**后台类目**一般是不变的，比较稳定，是给内部人员和卖家看的。为了让买家能快速找到想要的商品，类目运营人员会定期更新呈现给用户的类目清单，我们称其为**前台类目。前台类目承担了很重要的分流作用，将来到首页的海量用户更快、更精准地分流到他们感兴趣的商品页。**前台类目用词必须精确清晰，让买家一看就知道要买的商品在哪个分类下。前台的二级类目会经常更新，比如下图中“当季流行”下面的词，就是根据季节和流行款式更新的。这些词的更新依据来自哪里呢？一是来自类目运营人员对行业的了解，二是来自数据，比如去年这时候用户开始“热搜”什么了，或者当前有关该行业的哪些词搜索量特别大，就会被放到前台类目中。放在前台的每个词我们都能看到点击量，如果哪个词的点击量明显低于平均值，就需要替换。如果一个词的点击量很大，但对应的商品质量不佳、商家数量不够，让人明显感觉转化率不会高、承接不起较大的搜索量，我们就会通知卖家：这可能是个热点，是个蓝海市场，赶快发布商品。类目运营人员还有很多细致工作，不过**总的来说，类目运营人员的KPI就是提升所负责类目的流量、成交额，以及该类目在所在行业中的成交额占比。**显然类目运营人员的职能不能支撑他完成如此宏观的KPI，他需要和其他运营人员紧密配合。

天猫前台类目截图

3.2.2 KA运营

KA的全称是Key Account，字面意思是“关键账户”，我们一般称其为“重点商家”或“大客户”。每个类目对KA的定义不一样，比如有的参考去年成交额达到整个行业前多少位，有的参考该品牌在线下零售业或者行业内的影响力和号召力，有的是因为该品牌今年将在天猫重点发力、有很大的预算可以联合做活动，成交额和曝光度值得期待。总的来说，KA商家的数量不会超过总卖家数的1%，真可谓百里挑一。其实KA运营人员的基本工作和卖家运营人员差不多，都是给卖家赋能，帮助他们成长。但是KA运营人员的情况各不相同，可以跟卖家进行更个性化的一对一辅导，甚至与他们一起策划开店庆、周年庆、独家首发等大型活动，并且给一定资源支持。每年“双11”活动前也会邀请KA商家去淘宝城开动员大会，阿里CEO逍遥子或者类目总监会面对面给大家鼓舞士气、划重点。KA商家看起来比其他商家得到了更多的关注和资源，但实际上他们也背负了很大的成交额压力。**KA运营人员的KPI主要是提高所负责KA商家的成交额，提高这类商家的成交额在大盘中的占比。**

3.2.3 卖家运营

卖家运营，在其他类型的公司中，就类似滴滴的司机运营、斗鱼的主播运营、馒头商学院的导师运营等岗位，总之就是运营提供产品或服务的用户。在开展业务的初始阶段，卖家运营人员会投入一部分精力去吸引商家入驻，投入一部分精力帮助已有的卖家成长。对于淘宝这样成熟的公司，已经有海量商家，不需要再花费精力拉新商家入驻，所以主要精力用于帮助卖家成长。这里面也有非常深的学问。第一，建立卖家分层制度，帮助卖家知道自己所处的位置，也让卖家运营人员可以有针对性地开展工作。第二，将淘宝最新的政策同步给卖家。例如，在2017年内容成为吸引流量的增长点，卖家运营人员就会引导卖家不要死盯着排名、关键词优化、上下架、报活动等传统操作，而要去做微淘等的内容。第三，卖家最看重的是平台给他带来的流量，运营人员会在站内站外帮他们获取流量。站内主要通过在所负责的类目中发起活动、市场部发起的活动或者淘系其他频道的活动引流，也会教他们如何高效获取付费流量；对于站外，会帮卖家整理一些流量的获取方式。赋能（Enable）卖家特别重要，让他们有**全网引流，淘宝成交**的意识，运营工作就会轻松得多。如果都是依靠小二争取各种资源位为卖家觅食，怎么能兼顾那么多卖家？**卖家运营人员的KPI主要是类目大盘的成交额和头部卖家的成交额增长情况。**头部卖家的范围比KA大一些，如果说KA商家占到卖家总数的1%，头部卖家大概会占到10%。

3.2.4 产品运营

阿里有两类产品运营，一类较微观，一类较宏观。行业里的产品运营是较微观的那种，主要负责运营人员和产品经理之间的衔接，负责把运营人员的一些需求提炼出来转给产品经理，按优先级排序，并且跟进产品经理完成任务，然后将成果交付运营人员。这类产品运营所运营的多是面向卖家或运营人员的工具型产品，用户规模不会很大，工作相对简单。还有一类产品运营，就是常规意义上的互联网产品运营了，要做的工作较为宏观。例如，微淘这个产品的产品运营人员需要用各种策略（包括但不限于内容、活动、用户运营）让更多的卖家使用微淘，让用户使用微淘的体验更好，让关注微淘的用户更多，并且有效引导用户前去店铺完成交易。**产品运营的KPI主要是产品的PV/UV、引导成交的转化率及GMV。**

3.2.5 活动运营

活动运营主要是自己策划类目的活动，或者配合市场部做的大型活动。像我之前在飞猪的酒店频道做活动运营工作，平时会独立策划一月两次的日常促销活动和一月一次的专题活动，并且根据季节/节日来做，例如结合暑期、国庆、冬季温泉等，有时也会结合酒店风格来做，例如曾经做过禅意酒店、情趣酒店、萌宠酒店（可以带宠物活动入住的酒店，在宠物论坛上特别火，一年之后还有人辗转找到我咨询），再如客栈的小伙伴做的“最美客栈老板娘”活动，现在看起来都不过时。另外，就是配合市场部做全年最大型的整合营销类活动——暑期促销、“双11”和年终促销。每次活动前，我需要写策划案去申请流量资源，然后调动卖家报名，同时做页面demo让设计师来实现，活动上线后监控数据情况、及时调整商品“坑位”。每次活动结束后会写活动总结，我一般会分页面维度、成交维度、卖家成长几个方面来写，形成一个自己的活动效果总结模板。对于大型活动，会召集各方在一起开复盘大会。每次举办大型活动都会熬夜备战，很兴奋也很累，同时也是成长最快的时候。**活动运营人员的KPI主要是活动页面的PV/UV、浏览转化率、引导成交GMV及卖家的提升。**

3.2.6　用户运营

用户运营在淘宝、天猫是一个较新的岗位。对于卖家和自己用户之间的具体用户运营工作，其实我们是提供工具给卖家自己做，平台更多是在做用户研究、打标签、数据挖掘建模等高维度的工作。另外，阿里也有负责会员等级、用户体验、客户服务的部门，与市面上所说的用户运营岗位的职能均有一定的重合度。**用户运营人员的KPI主要是总用户量的增长、其中某一类优质用户群体（比如超级会员）的占比增长、用户黏性、特定目标群体的人群渗透率。**

3.3　阿里运营团队是一群什么样的人

这是之前没有人讨论过的话题。我们先来看看阿里需要什么样的人吧！从阿里十八罗汉之一、首席人才官彭蕾女士的演讲里，我们能一窥究竟。归纳起来，就是下面4个词。

1. **聪明。**智商和情商皆高。智商比较好理解，就是具备一定的专业技能和悟性。但是情商，这个跟平时说的情商意思有点不一样，不是指这个人很会来事儿，而是需要具备开放的心态，能够走进别人的内心、去感同身受、用合适的方式跟别人建立连接。这两点合起来，意思跟“灵气”差不多。

2. **皮实。**就是要有强大的内心，反义词就是“玻璃心”。不管别人怎么赞扬你、羞辱你……你的内心是很稳定的，外界的状况不会对你造成伤害。就像古人说的“宠辱不惊”那种感觉。不仅普通员工需要具备这种素质，创业者、领导者更是需要。

3. 乐观。我自己当了Team Leader后才深深感受到，一个乐观的人和一个悲观的人，对团队产生的影响太大了！这里对乐观的定义是“在充分客观、理性地了解当下真实情况之后，仍然充满了好奇心和乐观向上的精神”。我看到能长久留在阿里并且甘之如饴的人就有这样的品行，对公司、对项目、对团队有着历久弥新的心态。既然“苦”是客观不可改变的事实，为啥我们不尽量让自己开心点儿呢？

4. 自省。阿里有很多天之骄子，比如从其他行业里面“挖”过来的人，他们以前的管理范围非常大，但是来了阿里后很多事要重新开始学，甚至跟新人做一样的事，说不定有的事还要请教比自己层级低的人。有的人会做得很好，好汉不提当年勇，默默吸收学习新的东西。我觉得这样的人就是有自省能力的人。在自己三十多岁发展得很好的时候加入阿里，这就是一个可预见的极大挑战，是自己的选择。阿里还有个传统是绩效Review。每个季度每个人要给自己原先设定的目标打分，团队要给自己打分，直属上司要给自己打分。一直“撕裂”般成长是件很痛苦的事。很多人其实知道自己的不足在哪里，但真的要被点名说出来，要“晾晒”给大家看，还要自己去“刮骨疗伤”，不是一件让人舒服的事。阿里从来没有舒适区。

阿里人的特质

你看，以上区区4个词，所代表的品质其实还是很难得的，特别是聚齐在一个人身上。我觉得自己在进阿里前具备“聪明”和“乐观”，进来之后才打磨得

"皮实"，懂得"自省"。

阿里的岗位招聘是有窗口期的，真的是有机会因素。窗口期是指，新立一个项目，必定需要大量的Head Count（人员编制），需要从行业巨头引进人才。2011年的携程对于飞猪来说就是巨头，我因为有在携程工作过的背景，所以在不完全符合上面4个素质要求的情况下加入了阿里。但是当团队组建起来后，阿里系公司的发展速度是远远快于同行的，与行业内原先的巨头的差距也越来越小。所以，如果我晚3年才决定从携程跳到飞猪，就会错过窗口期。飞猪现在已经和携程一起成为了OTA（在线旅行社）行业的TOP 3。而且从2015年开始，阿里就只从行业里"挖"经理、总监级别的人才了，定级在P7及以上。所以，瞄准窗口期很重要。如果你对阿里的岗位感兴趣，可以关注下它最近将要布局哪些行业，如果你本身就处于这个行业，并且在比较大的公司里担任比较重要的职务，就很有可能成功。

以上是阿里人的共性，那么阿里运营团队是一群什么样的人呢？下面，我根据在阿里工作4年多的经历给大家分享一下。

3.3.1　阿里运营人是能扛KPI的理想主义者

阿里是一家崇尚理想主义的公司，也是一家很崇尚KPI的公司，这并不矛盾。**马云说，"每个人都愿意停留在理想之中，每个人都恨KPI，但如果没有KPI、没有结果导向、没有效率意识、没有组织意识、没有管理意识，那么我觉得所有的理想都是空话，我们就变成一个梦想者，胡说八道。"**我个人觉得阿里的KPI还是比较人性化的，会有定量的部分，也有定性的部分，还有价值观考核。分数不仅来自自己、直属领导，也来自同组同事和合作伙伴。

阿里人很看重KPI，但不会为此不择手段。记得有一年我的KPI是让所负责行业年销售额上百万的卖家达到一定数量。因为我可以有策略地解剖、落地这个目标，并且同组的同事劲儿都往一处使，我还能在全公司内找到自己所需的资源，所以做起事来特别带劲儿，每周都会通过数据看到目标完成率在不断攀升。但是这个KPI不会让我不关注那些可能完不成百万销售额的"腰部"以下卖家（我们通常把卖家分为头部卖家、腰部卖家、尾部卖家）。因为有价值观、有信念、有责任感，我依然会关照他们，说不定他们在明年、后年就成为"黑马"了呢！而且我记得有卖家跟我说过，"全家老小和10多个员工就靠这个店铺维生"，这对他们很重要，我们的一个小失误或者不闻不问就可能影响到这个店铺背后的很多人。

另外，因为有理想主义，即使工作再累，大部分人还是能找到兴趣去调节自己，快乐工作，认真生活。他们会捕捉每一个突发奇想，偶尔“不务正业”也催生了很多好玩的项目。比如之前的阿里18周年庆，有员工在阿里内网上说欢迎全世界的员工来自己家住，于是很快有同学开发了阿里版的共享住宿预订页面，类似的例子还有阿里同学利用课余时间做的“单身go”，帮助阿里单身男女交友。

阿里版共享住宿预订页面

3.3.2 阿里运营人是既细心又有狼性的人

朋友圈经常被下面这张图刷屏，特别是618、“双11”大促之前。我们的状态确实是这样的，淘宝城到深夜都会灯火通明。一个公司让人可畏可敬的不是商业模式，而是源源不断的激情和狼性。

淘宝城的深夜

狼性通常是形容销售团队的，但是阿里运营人员是我见过最有狼性的，而最难能可贵的是，他们能将狼性和细心结合在一起。为什么说阿里人有狼性呢？虽然阿里的开发、设计、流量资源已经非常丰富了，但是运营人员每次跟产品经理提设计需求、跟市场部提流量需求，都还是要靠PK、要靠抢的。比如公司内部有个活动分级制度，S/A/B/C级，"双11"、"双12"、618年中促、春夏新风尚、年货节都是属于S级的，由市场部牵头，每次分"坑位"时我们就特别紧张，主会场有多少"坑位"、分会场有多少"坑位"可以给到我所属的类目，真的恨不得去抢一块回来。A/B/C级就是运营人员可以主导的活动，每个月会评定下个月的活动级别。我们就会准备活动方案，去跟市场部交流，他们投票来决定层级，然后会分配相应货币价值的资源位，基本上你这个活动的流量大头就有保证了。能被评上A级是莫大的荣幸，你在跟卖家、合作伙伴宣导时也便于撬动更大的资源，所以每次也是争得很厉害。

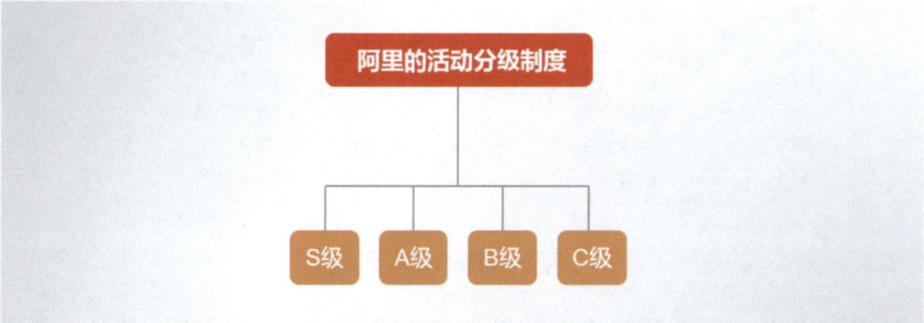

阿里的活动分级制度

3.3.3　阿里运营人是自带传播属性的"戏精"

说起互联网公司中的"戏精"，大家第一想到的可能是网易。2017年出现了很多次刷屏营销，诞生了诸如“猪你丫”这样的“戏精”。其实阿里运营人员在这方面也做得很好。江湖有传言，阿里与腾讯的区别，就是明教与武当的反差。前阿里人、有赞创始人白鸦也说，“马云是火性，火若神明，高举高打，气势如虹。马化腾是水性，低调沉潜，入木三分，小步快跑”。在马云的影响下，阿里运营人做事也比较高举高打，行事高调。阿里运营人特别是活动运营人员是有市场部的视角的，力求自己的每一个活动都是自带传播属性的、是有“梗”的，他们会死磕自己：用户会觉得这个活动好玩吗？愿意分享转发吗？这个是独创的吗？会引起行业热议吗？如果每个运营人都能这样想，和市场部配合会更顺畅，战斗力会强很多。

致敬很傻很天真，又猛又持久的阿里人，曾经的战友！

3.4 阿里运营人的职业路径

阿里运营人员会有两条路，P序列和M序列。P序列=技能岗，M序列=管理岗，P6就等于M1，P7等于M2，以此类推。我自己是P序列，我身边P序列的人居多。很多人到了P7、P8还是专攻业务，手下一个人都没带。

P序列	基本定义	M序列	基本定义
P1、P2、P3	P1、P2基本空缺，P3为助理		
P4	专员		
P5	高级专员		
P6	资深专员	M1	主管
P7	运营专家	M2	经理
P8	高级专家	M3	资深经理
P9	资深专家	M4	总监
P10	研究员	M5	资深总监

阿里的P、M序列

对于阿里人的日常薪资（不算年终奖和股票），我觉得挺一般的，当然后面进来的千里挑一的管培生会高很多。但是算上年终奖和股票的话，收入还是挺令人满意的。有一年，我上半年、下半年连续在绩效考核时得了3.75分（一个团队大概只有10%的人可以得到这个分数），所以作为潜力员工发了一点期权。虽然少，但是觉得公司的股价从此跟我有关了，在阿里上市那天我还是很happy的。

阿里上市后的2年里，很多人离职。马云说，员工离职只有两种原因，一是钱没给到位，二是心委屈了。对于阿里人前者不会出现，很多公司用两倍三倍的薪资“挖”阿里员工，我们也只是当成茶余饭后的谈资说说就过去了；对于后者，其实大家也习惯了，没那么“玻璃心”。我觉得大部分人离开阿里的最主要原因还是希望有能力去追求更多样化的生活吧。当然我不属于财务自由的那类人，我也从没有设想过“等我财务自由后，就去做……”杭州和阿里的经历让我看到很多美好而精彩的事物，一旦经济上压力不大了，就想去体验一下。确实，还是有些理想主义的。

纵观一下，工作几年后，阿里运营人都何去何从了？

阿里运营人常走的4条路

1. 坚守岗位或者适时转岗，反正不想跳出阿里

这条路的优势是稳定。阿里够大，转个岗也能保持新鲜感。对于走这条路的同学而言，最大的挑战就是KPI得高分，才能有满意的年终奖和晋升机会。

2. 离开阿里去创业

我身边从P5到P8都有去创业的，但是P6和P7居多。走这条路，他们的个人品牌和人脉资源会得到极大的提升，但是我身边的这些人，别说生活了，累到连性生活都没有了。

之前我和朋友讨论过，如果创业失败重回职场，创业经历对自己会有加分作用吗？我觉得很难，因为你在大公司既有的专长没有做到更深，比如你擅长数据化运营，创业公司不会在这块让你有更深入的研究，你每天吸收的方方面面对你来说看似新东西，但对那个专业领域的人来说又不算什么。

还好，大多数创业者失败后会选择连续创业或者“归隐田园”，并不会踏入求职之路，所以也不会太在意市场对自己的“定价”。

3. 离开阿里，接近生活，去做小而美的事

有了一定的钱、人脉和生活阅历后，那些较知足的阿里人开始花心思在怎么

更接近自己想要的生活，尤其是女生。好像在各个领域都有活跃的阿里人，开客栈、开烘焙店、开花店、开餐厅、开茶室、禅修、灵修、开工作坊、回归田园……多姿多彩的生活方式相继展现。**有的人并没有实现大家以为的“财务自由”，只是内心笃定自己的追求。**没有人嘲笑他们去做这些赚不了快钱和大钱的接地气的事，反而很容易得到赞许和支持，凭借情怀以“前阿里人”的身份获得第一批种子用户。所以隔段时间就能在阿里味儿（阿里内网BBS）看到精彩的不走寻常路的离职帖，我自己的那篇《那个在阿里有地的女孩要说再见了》也荣登当周热榜。

4. 进入市场，跳槽到初创公司担任要职

这部分人挺少的，也是被猎头觊觎已久的。通常他们是优秀且活跃的P5或P6阿里人，他们在财力、人脉、管理能力上还不够自己创业，但也想换个环境，顺便获得更理想的薪资待遇。**他们的新头衔通常是运营经理或运营总监，年薪跟阿里差不多或多一点，并会有期权。**但这条路有它的难处。

难点一：你真的愿意为更多的钱卖命吗

如果把个人能力定为1，在阿里是拿0. 8 的工资、做1.2的事，累是累，但是你获得了一个终身受益的金字招牌；在创业公司是拿1.2的工资、做1.5的事，不会比以前轻松，只会更累，钱是能多赚，但是时间的单位价值不一定上涨。

难点二：团队＆带团队

阿里运营强，这个荣誉应该给整个团队，背后还有成就他们的数据团队、开发团队、设计团队。以前觉得阿里某些跨部门的合作伙伴不太给力，出来之后才发现他们都好强，连阿里的外包前端工程师和设计师也是很棒的。

根据阿里目前的薪资水平，涨幅30%~50%甚至更高才会有人跳槽，那么这个薪资水平在创业公司肯定是需要带团队的。如果你在阿里属于P序列，没有带团队的经历，要考虑是否能从以前具体做事的“术”的层面上升到“道”的层面，既要做全盘运营规划，又要做实事，少了给力的同伴，还要培养新人，是很耗费精力的。

所以阿里人在跳槽时会很关心：创始人是阿里高管吗？团队里有多少阿里人？

难点三：预期管理

越是对你抱有很大期望的老板，越可能带给你困扰。**老板的预期和阿里运营人具备的既有能力之间或许有较大的分歧，甚至鸿沟。**

分歧 1，运营包含拉新、促活、留存？！ 有的老板分不清市场和运营的工作内容，或者为了控制预算，他们看到网上对运营的定义是“一切跟拉新、促活、留存相关的手段”，认为有几个运营人员就够了。阿里运营人员强在卖货，对于转化交易各个都有“两把刷子”，但是对拉新、促活、留存全流程的事还是比较陌生的，大部分运营人员是在既有的大盘里让用户玩起来。

分歧 2，出了阿里，对微信生态感觉很陌生。 创业公司普遍需要花小钱办大事，高度依赖社交媒体（特别是微信生态）上的自传播。可是在阿里做运营的人在这方面是先天不足的，因为腾讯阻断了阿里系域名在微信端的分享，所以运营人员在这方面没有太多的实战经验和成功案例。淘口令的出现让这种状况稍微好转，但需要复制淘口令再在手机淘宝 App 中打开的操作流程确实让参与度少了很多，除非有很强的利益刺激，比如“双 11”期间的“火炬红包”和春节期间支付宝的“集五福”活动。这方面主要由市场部主导，运营人员较少涉及。

支付宝“集五福”活动

分歧 3，花钱的方式。 阿里会把自己的员工用到极致，实在有需要时才会找外部供应商弥补自己的短板。在阿里，是一等的价格请一等的供应商；在创业公司，是三等的价格想请一等的供应商，还要产生确定的结果，做 ROI 预估时很让人“烧脑”。

看到了吧，阿里运营人和创业公司老板心里想的那个“全能运营王”还是隔了几条街的距离吧！老板们，如果你遇到一个跨越了那么多难题也要跟你站在一起的阿里人，请给他充足的空间、时间和信任。阿里运营人们，如果有一天你想看看外面的世界，要知道比阿里还要人性化的公司其实是很少的，出来后真的是要拼要学习的。如果有一天你和“深爱”过的创业团队分开了，也要**一笑泯恩仇，因为江湖上说不得谁对谁错，有一天自己创业了，也就明了了。** 那些抠、那些急、那些高压，都是因为想活下来。

3.5　厉害了，阿里的数据驱动和人工智能

我们说一家好的互联网公司应该是数据驱动的，阿里就完全是一家数据驱动的公司。任何感性、经验的东西都会被转化为数据，比如多次验证后发现某类商品会大卖，那这类商品到底有哪些共性可以用数据化的指标筛选出来？能不能写进程序？好让没有相关经验的人也能把这批好货选出来。任何决策也都是数据说了算，比如这个频道是否可以换成另一个频道，这个banner是否比另一个banner效果好。这样能极大地减少人为因素的影响和感性判断。

近年来，人工智能（AI）是个热门话题，就像当年的大数据一样，很多人还是雾里看花，阿里却早就将其运用于日常运营工作。在阿里，我的眼界也在不断开阔。在《人类简史》和《未来简史》两本书流行时，很多人开始恐慌，开始猜测“哪些工种会消失？我的工作会被机器替代吗？”其实在阿里，这样的故事早就在上演，我们这些看似高级知识分子的运营人都在被替代！

3.5.1　“千人千面”的商品——“猜你喜欢”

举个例子，在2015年之前，“双11”活动的商品推荐都是人来控制的，由运营人员决定给用户推荐什么产品，而2015年的那次“双11”，是阿里第一次基于算法和大数据为用户做大规模、个性化的商品推荐，叫作“千人千面”，是阿里流量分发模式很大的升级和转型。那是我第一次听说“机器学习”。具体来讲，就是在首页和活动页面增加了“猜你喜欢”模块，其内容不由运营人员决定，而是由机器决定给用户推荐什么商品。记得当时老板做了这个决定后，在场的运营人员疑虑重重，毕竟以前展示什么是自己可以把控的，现在会感到一些不可控制，但还是充满期待。在接下来的几周里，我们全员都在测试“猜你喜欢”的准确程度如何，并且收到各种令人崩溃的反馈。比如有人

越来越成熟的“猜你喜欢”模块

说，虽然我之前浏览过这个商品，可是我已经买过了啊，怎么还一直给我推荐这类商品？也有人说，怎么给我推荐的都是几十元到一百多元的T恤，明明我的消费水平高于这个档次啊！还有人说，男装是帮我老公买的，不能因此判断我的喜好啊……问题层出不穷。那段时间产品人员的压力特别大，全员都在摸索中忐忑前行。

那一年“双11”之后，我依稀记得做“千人千面”的团队获得了大奖，被“狠狠”表扬了一番。战报上最突出的一点是，“千人千面”与“非千人千面”的页面相比，浏览转化率（浏览UV到宝贝详情页的转化率）高出了*X*个百分点。这在巨大的PV、UV基数下，相当于每天给卖家多带去了百万级的流量，再乘以转化率和客单价，就能估算出对整个大盘交易额的贡献了，不可小觑！

3.5.2 “千人千面”的banner——设计机器人“鲁班”

2016年“双11”，人工智能又一次让我惊喜。一个人工智能产品“鲁班”设计了 1.7 亿个 banner！实现了从以前的商品个性化到现在的广告资源位个性化。你能想象下面这些首页焦点图都是机器做的吗？上面的商品是不是很熟悉？都是根据用户的消费偏好做的个性化设计和展现。

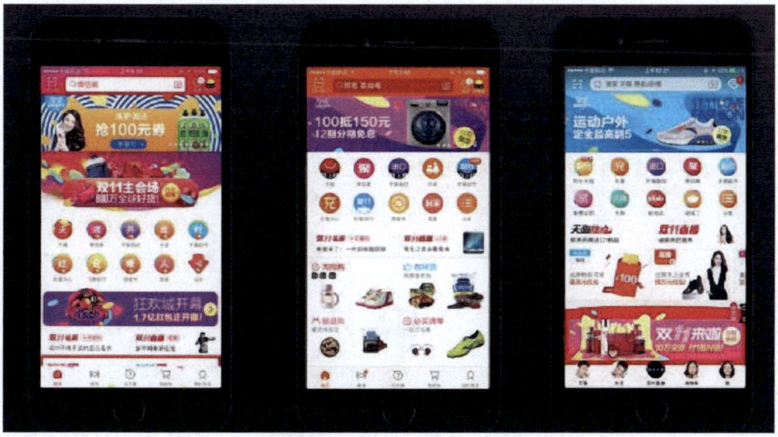

人工智能做出的banner

原理如下：一个banner结构化后是由3层组成的，主题风格（决定了要用什么样的背景）+投放商品（放上用户曾经浏览过、收藏过、加到过购物车等有消费偏好的商品）+投放文案（运营人员根据活动主题事先提供的1组或多组文案）。通过大规模设计加精准投放，提高了每个广告位的资源效率，带动了流量的效率和业务价值。

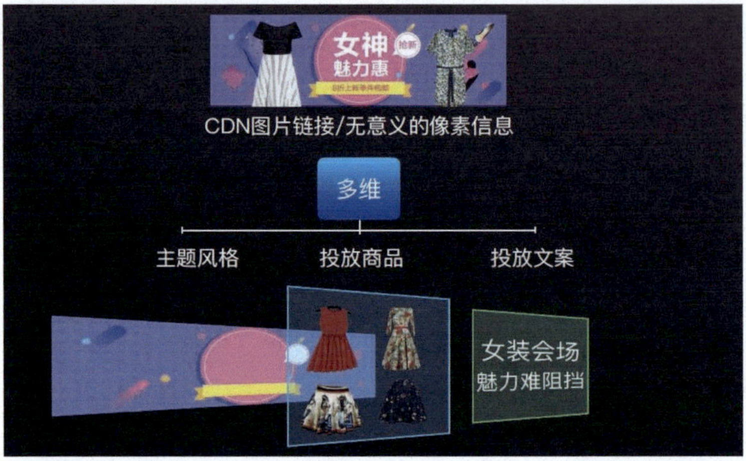

“鲁班”工作原理

过去，做banner可是大多数阿里运营人员必备的技能啊！而且我自认为在这方面有专长。我们曾经总结过一个**banner黄金公式：高对比度的背景+高颜值模特或/和爆款商品堆头+含利益刺激的文案**。做到这几点，点击率保准不会差。

根据运营人员的经验，点击率不会差的banner

以前靠着人工做banner，一个活动每两天换一个创意，“双11”期间更是一天要换几版创意，运营人员需要把文案、白底商品图、各种尺寸要求都交给设计师去制作，工作量巨大，但是又非常重要。在阿里做活动运营工作比较幸福的是不需要去站外拉流量、做推广，就把banner做好，在淘宝的“大池子”里引流就行了。我们对banner的点击数据也非常看重，每天甚至每个小时都会看banner的点击数据怎么样，不好的话会立即换图。市场部每周还会评选CPC（Cost Per Click，每点击成本=资源位价值/点击数）最低的优秀banner给大家鉴赏，我曾经有几次上榜。怎么估算CPC呢？比如市场部会按该广告位的日均点击量给它预估个广告价值*X*万，当这个位置用来投放内部广告时，虽然我们不用真的付钱，但是资源位是货币化的，在这个广告位上如果你的banner点击量越大，那么平摊到每次的点击成本就越低，对于做广告创意的运营人员来说这是一个很直观的反馈。

我的老本行竟然被机器取代了，并且机器可以比我这样的熟练工效率高*N*倍，从效果上看点击率也翻倍了！真是让人觉得既骄傲，又有压力。骄傲的是外界天天在说却没见落地的人工智能在自己的工作岗位上实现了，并且机器学习的正是我们几年做banner积累的经验；有压力的是这已经不是我第一次感到工作被机器替代了，其实从5年前我加入阿里起就经常感到运营工作在对自己步步紧逼，比如我们负责的活动报名和选品、活动页面制作和填充上线等工作基本上都被产品经理制作的工具承担了，我们的大部分工作是跟工具打交道，点几下鼠标工作就完成了。我们一方面越来越不需要干繁复的体力活，另一方面却要更加绞尽脑汁做机器做不到的事，去触碰更远的边界，生怕闲着而被淘汰。

“我们以后会被替代吗？我们还有工作做吗？”其实这个问题多年前我就问过主管，她说事情是做不完的，你会去做更有挑战的事。果然，后来我发现运营工作越来越需要有创意、懂营销，于是我去了天猫市场部。在那里，补了我能力上的一部分短板。对整合营销、新媒体、社交传播、事件营销、大型活动等有了一定了解。

3.5.3 “千人千面”视频——“淘宝二楼”

最近又看到一个让人眼前一亮的案例，来自淘宝市场部“淘宝二楼”的视频《一千零一夜》，目前是第二期。活动期间的下午6点至次日早上7点在手机淘宝首页下拉屏幕即可看到。这是一个通过视频讲故事并植入商品广告的栏目，其中有一期叫“千人千面”，讲述了一碗家乡的面可以慰藉人心。用户打开这个页面看到的视频里，以及视频结束后在活动页面首屏出现的商品都是自己家乡的面，比如我看到的是四川担担面，老公看到的是宝鸡擀面皮，还有人看到的是泡面组合，估计是因为无法判断某些用户的家乡在哪里或者其家乡不属于那几个有代表性的地域之列，运营人员觉得泡面普适性更强。这个挺有话题性的，不少网友自发在朋友圈截图分享，“快去淘宝二楼，打开看你家乡的面！”

“千人千面”活动页面

由此可见，**在阿里，人工智能正在被越来越大胆地运用，从最初的商品“千人千面”到广告位“千人千面”，再到图文内容“千人千面”，现在视频都“千人千面”了，**期待更大的创新！

在此也想提醒希望通过社招进入阿里的同学，从小公司去阿里最大的劣势是什么，我觉得大概就是在小公司并未遇到过如此大体量的用户、如此大的流量、如此海量商品的场景，这不是像以前那样依靠人力就可以完成的。非常重要的一点就是，**在面试时展示出具有把以前的经验数据化、产品化的意识，有能力助力人工智能去完成更大规模、更精准的工作。**阿里运营人就像拥有犀利眼睛和睿智头脑的鹰，不是冲锋陷阵，而是在暗处排兵布阵、运筹帷幄。

3.6 商家如何与阿里“小二”打交道

经常听外面的人说阿里“小二”很“高冷”，很不好打交道。我在阿里做运营工作时，没有感觉到这一点，离开后觉得“小二”还真是很容易给人这样的印象。首先，不好找人；其次，找到了不好合作。和阿里平台打交道，有4点需要注意。

1. 找到关键人。淘宝和天猫体系里的“小二”很多，要搞清楚是要找类目的卖家运营“小二”、活动运营“小二”，还是市场部的人，或是微淘、淘宝头条等横向跨类目的产品运营人员。在相关的招商帖里一般都能找到与相关人员交流的旺旺或钉钉账号。

2. 了解“小二”的KPI，找准契合点。在平台上玩，肯定要符合平台的利益。你可以旁敲侧击了解一下“小二”今年或更短期的目标是什么，看看自己是否能帮忙达成这个目标，比如要冲销售额还是要高调性。我了解到有些大牌商家其实销量一般，但是考虑到天猫在做时尚化，有的商家就会借助一些新品首发、联合做明星粉丝见面会等噱头，让天猫官方拿出流量来支持。现在天猫重推的超级品牌日就是专为有调性的大牌准备的流量“盛宴”。

3. “小二”的权力没有想象的大，忘掉“歪”点子。有的商家找“小二”，就是单纯想上活动页面，想要好“坑位”，只能说这种想法很天真。现在的报名和上线活动页面基本上都由系统来完成，除非有特殊情况，“小二”是不会干预的。有和“小二”磨嘴皮的工夫，还不如打磨自己，数据好看了，自然会通过系统的筛选。

4. 谁都需要人情味。虽然制度是无情的，但“小二”毕竟是人，如果卖家能恰到好处地给予他们支持和理解，当好卖家中的KOL角色，或许会得到关照。以前飞猪有个明星商家“驴友圈”，它的创始人六爷曾经发过一篇文章《看驴友圈六爷分享怎么跟平台谈恋爱》，写得挺在理的。他曾经在“10·11事变”（2011年10月，淘宝商城宣布将正式升级商家管理系统，导致很多中小卖家由于费用可能增加而退出商城。2011年10月11日，近5万名网友在YY语音集结，有组织性地对部分淘宝商城大卖家实施“拍商品、给差评、拒付款”的恶意操作行为）中高调宣布支持淘宝新规，故意“引火上身”，吸引水军来围攻他的店，成功得到类目高层的慰问和感谢。他在文中写道：“接下来我们的店铺报什么营销活动就上什么营销活动，不报名也上营销活动，聚划算平均每个月2次。几乎一切露脸的机会都会被捎上。”后来他做淘宝旅行的店铺时，在商家大群里积极为其他商家答疑解惑，阐述自己的运营思路、产品观点，很快就成了“意见领袖”，成功吸引到“小二”的注意，受邀参与了淘宝旅行平台“小二”第一次内训，成了唯一的外聘分享嘉宾。

“任何平台都是需要鲇鱼的，而鲇鱼在价值体现期间在任何平台都是不会允许被饿死的。”六爷说。总之，**要么你足够强、数据足够漂亮，要么你足够新锐、是“小二”发掘的潜力商家。**这两类商家，“小二”会主动找你的。阿里运营人特别善于扶持和塑造showcase，要争取成为这样的showcase。

附赠阿里抗压金句，遇到困难时在心里默念几遍：

- 不难要你干嘛！
- 当你感到不舒服的时候就是你成长的时候！
- 人的胸怀都是委屈撑大的！

04

第4章　内容运营，创造湿流量

不能创造价值的10万+就是耍流氓，

打造产品即内容，内容即流量，流量即销售的完美闭环

从这一章开始，将会更贴近实战地讲解市场普遍需要的几种通用运营技能，也就是构成运营这个大体系最不可或缺的几样，不局限于阿里系。

为什么如今关于内容的词这么火？内容创业者、内容运营、内容营销、自媒体、内容电商……内容本身不是特别新鲜的东西，但是在很长一段时间里它是和交易割裂开来的。展示和搜索只能解决消费者已经确认的需求，占总需求量的5%～10%，而90%的需求是在社交关系中产生的。也就是说，如果商品只是以摆放在货架上的方式呈现给消费者，其实并不会激起多少购物欲，顶多买一些必需品，这就属于“干流量”。但如果卖东西的人先设置好一个场景，播放一个视频、来一段直播，给一些有关产品测评、搭配、选货的文章，再加上KOL（Key Opinion Leader，关键意见领袖）和你认识的人在一边影响着你，你很容易就买了比原计划多得多的东西。这就属于“湿流量”，消费者的需求被挖掘、创造出来了。

在电商站内流量已经达到一个瓶颈时，**通过内容来提升站内转化率和吸引站外流量显得卓有成效**。

4.1　你的流量是湿的吗

干流量是没有情感基础的，所以容易流失。湿流量一定是经过情感互动的，所以更容易与用户建立情感，更容易留存及转化用户。未来会有更多的湿流量，而内容运营（或者说内容营销）带来的就是典型的湿流量。

内容运营是指，围绕内容的生产和消费，搭建起一个良性循环，持续提升各类和运营相关的数据，达成吸引流量、培养潜在用户、引诱转化的目的。

不知道大家是否还记得淘宝早些年的首页，全部是商品图、商品价格、X折这样的banner，点进去后的页面大多是货架式商品呈现。就是一个个的“坑位”，除了价格因素外没有更多帮你判断是否值得买的因素，只有凭运气或感觉点击进入商品页面之后，才能在宝贝详情页和评论里找到一些辅助我们判断、强化购买意愿的只言片语。而这些信息里又有很多自吹自擂、虚假好评等各种“坑”需要去明辨。

内容营销（左）VS货架式营销（右）

为什么说湿流量能提升转化率呢？

本书把内容营销带来的流量称为湿流量，把货架式营销带来的流量称为干流量，从字面意思就能体会到两者的差异。湿流量，让用户从浏览到成交进行得很顺畅，而干流量阻力大，在整个交易过程中容易让用户陷入比价、怀疑、跳失的紧张氛围中，远没有通过内容引导购物来得顺利。在内容的“引诱”下，你往往不知不觉往购物车里放了好多东西。

类型	停留时间	价格敏感度	客单价	容忍度/好感度
货架式营销	短	高	低	低，找缺点
内容营销	长	低	高	高，找亮点

湿流量与干流量的差别

你的流量全景图里有湿流量吗？它与干流量的占比各是多少呢？

4.2 向阿里学内容运营

从2015年开始，淘宝、天猫App的首页大变样，超过一半的流量入口位置给了内容模块。阿里的内容运营有多火呢？

- 淘系内已有72个渠道，各内容产品占据了首屏最显眼的位置。资讯类的“淘宝头条”、品质生活类的“有好货”、偏女性用户的“爱逛街”、注重场景化导购的“必买清单”、“猜你喜欢”板块推送产品+用户喜欢的内容，其他内容矩阵还有“淘女郎”“淘直播”“微淘”“问答”等。

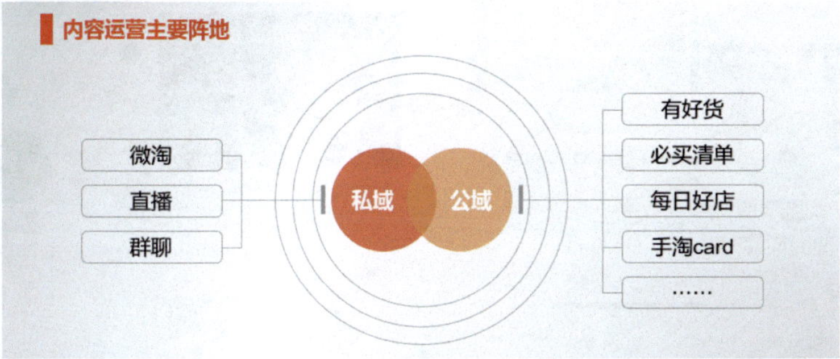

淘系内容运营主要阵地

- 每个行业新增数名内容运营人员，专门指导商家做优质内容，并帮助商家对接其他内容型产品的运营人员。2011年至2015年，我在阿里时是没有内容运营这个专门岗位的。

- 优质内容日均阅读量约为2亿人次，优质内容创作者达到1.8万名，内容创业者每月获得市场佣金总额达2亿元。

阿里为什么如此热烈拥抱内容运营呢？大概有以下几个原因。

1. 从大环境上说，导购网站（如小红书、蘑菇街等）来势汹汹，逐渐形成内容壁垒，成为一部分人购物的第一入口，蚕食淘系流量。

2. 从平台角度讲，淘宝站内流量饱和，新用户增长放缓，怎么留存这些用户，让现有流量产生更大收益？只能增加用户停留时间和黏性，形成“没事儿也上淘宝逛逛”的心理习惯，让每个人在淘宝上花更多的钱。

3. 对生态圈里的商家和内容创业者（淘宝达人）来说，也是各有裨益的。对于商家而言，转化率提升效果明显，实施全套内容营销措施后，日进店转化率高达15%，日活用户增幅高达150%；对于内容创业者而言，更容易变现。用户上淘宝网就是为了购物，淘系内容营销需求量大，用户漏斗比较窄。

观察几家比较受欢迎的电商网站，也能看出大家对内容营销的青睐，比如网易考拉和网易严选。

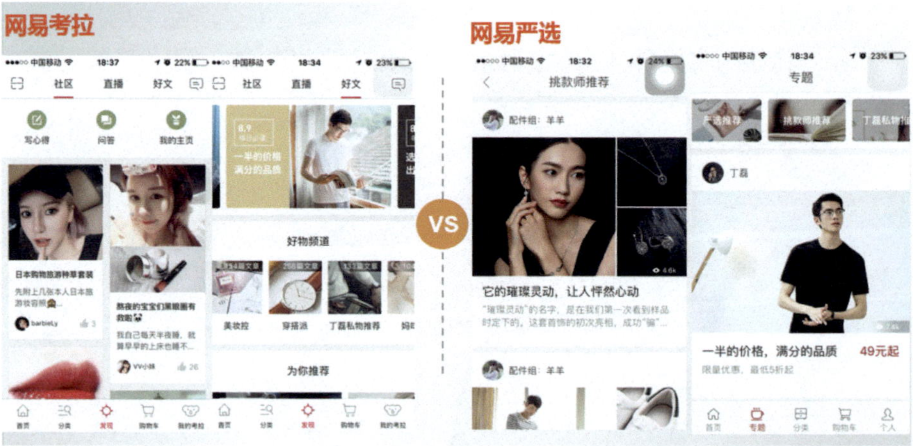

网易考拉和网易严选的内容营销

由于现在的流量越来越去中心化了，**搜索、推荐和内容导购三分流量，这也使商家获取流量的手段发生了变化**。原先可以花钱买到大部分流量，但现在则需要更精细化的运作了。好在淘系内部提供了相应的工具帮商家升级。

阿里是如何大力度地支持内容营销的呢？新事物的成长肯定阻力重重，阿里的内容运营就面临着来自类目销售额的压力、来自商家的压力，甚至来自内部运营人员和产品经理的压力。下面理出几条经验，值得要转型的平台型公司借鉴。

人才转型支持。之前阿里的运营分工里是没有内容运营这一专门职位的，而现在每个类目、每个BU都新增了岗位设置。招聘网站上出现了大量的内容运营岗位需求。可以看出来，不仅淘宝、天猫、飞猪这样适合做内容营销的企业会设置这个岗位，连阿里云、菜鸟也都在招人。

职位名称	职位类别	工作地点
零售通事业部-营销中心-内容运营专家 新	内容运营	杭州市
飞猪-客栈内容运营 新	内容运营	杭州市
菜鸟-消费者运营资深产品专员	内容运营	杭州市
阿里音乐-高级内容运营专家-虾米音乐	内容运营	杭州市
飞猪-达人运营专家（内容运营）-杭州	内容运营	杭州市
优酷-资深营销策划专员	内容运营	杭州市
优酷-商务运营-OTT	内容运营	杭州市
阿里云-云栖社区资深内容运营专家-北京/杭州	内容运营	北京市,杭州市
ICBU-中国供应商-内容运营专家	内容运营	杭州市

阿里系内容运营的招聘信息

阿里的内容运营岗位要求有个特点，不需要这个岗位的人多么会写，而是要会制定激励和产出机制，让媒体和用户去产生内容，推动内容产品化。比如某内容运营专家的岗位职责如下图所示。

岗位职责 1）付费内容的策略制定和项目负责人，为付费栏目质量，成交负责 2）搭建淘大PGC阵营，形成激励和产出机制，应用于体系内外内容平台，负责淘大新媒体和图文栏目体系 3）提炼内容环节的核心数据监测反馈，推动内容产品化 岗位要求 1）5年以上内容运营经验 2）对内容生产和消费有深入理解和实践 3）善于建立合作方驱动机制，调用资源实现目标

某内容运营专家的岗位职责描述

内容产品化就是指不依靠编辑来审核、推送一篇篇的文章，而是让产品来完成这一过程，比如从海量的内容库里自动选出含某些关键词的文章集成某个专题，进而形成某个主题内容合集页面，或者根据算法自动将文章关联到某个搜索结果页并推送给可能在搜索该类产品的用户，从而提供多些资讯。阿里的内容运营人员比较理性、以KPI为导向，虽然在内容质量上不一定能打造得很精细，但是特别看重效率。

流量支持。以淘宝App的首页为例，可以数数有多少入口给了内容版块，都是多么好的位置啊！

这是阿里一贯的作风，用流量去支持战略，去开辟道路，去撬动商家和淘宝达人积极产出内容。

充分调动各方力量。淘宝形成海量的内容库用了不到半年的时间，想想如果自己雇人来写，那得多少员工呀。一些小公司为了追赶这个风口也在雇专人自产内容，一个全职写手产出一篇好文章需要一天时间，一周也就5篇。这是一件非常耗人力的事。在阿里，只有不到10%的内容来自官方“小二”，也就是BGC

（品牌产出内容），其他90%的内容都来自UGC（用户产出内容）、PGC（专家产出内容）和PUGC（专业用户产出内容）。

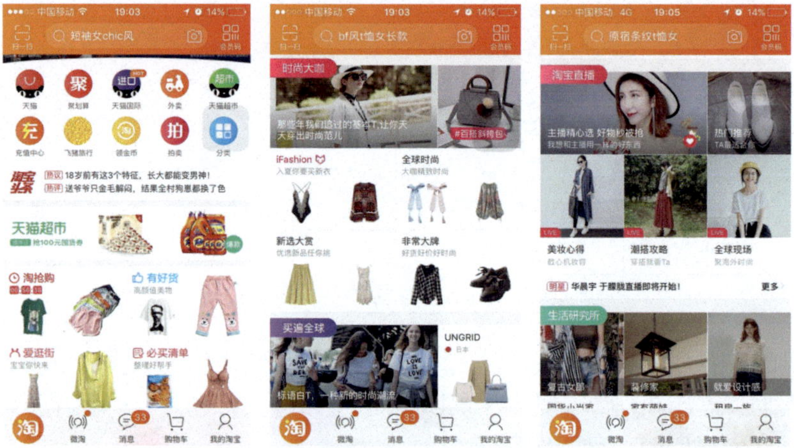

淘系内容导购入口

数据统计效果合理。这一点能很好地激励广大内容产出者，包括官方内容运营人员和淘宝达人。对于大部分公司，内容运营工作刚刚起步，还没有数据反馈机制，也就是说对于内容带来的成交数据，大部分公司只能统计到通过点击文章里的商品链接直接形成购买的那部分，这是非常窄的口径。这样算的话，大部分做内容的人会气死或穷死，也找不到价值感。内容是一种润物细无声的营销手段，效果没有那么直接。我们都知道有很大一部分用户是看了一篇文章对商品有了一定了解，但没有直接通过文章中的购买链接下单，几天后通过其他途径购买了该商品。所以阿里在统计时放宽了时间限制。比如某淘宝达人为淘宝供稿，看过其文章的用户如果打开了某宝贝的详情页，那该用户在未来15天内在该店铺内的购买金额都跟此淘宝达人有关（具体时长与统计口径常会有调整，以实际情况为准）。这样，内容运营的相关数据看起来更乐观，也能更客观地反映内容对用户的消费影响。

大数据算法、人工智能放大效果。这也是对内容产出者很好的激励，坚定他们走这条路的信心。如果我们只是在今日头条或者微信公众号上产出内容，会明显感觉内容的时效性特别强，新文章在48小时之后就基本没有什么新增传播量了。而在淘宝，每个内容频道除个别位置是由编辑推荐外，其余都是基于AI（人工智能）的内容导购，内容甚至比微信朋友圈还丰富。微淘“小二”是这样对商家进行宣讲的：**在别的公司，内容就是内容；在阿里，内容是产品！**好的内容会被分发到微淘公域、手淘公域、淘外全网。分发，增强了内容的生命力、拓宽了展现的场景。

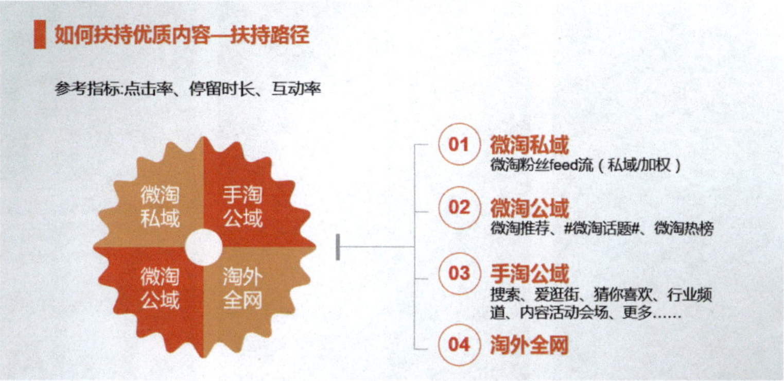

微淘如何扶持优质内容

相对来说，淘系内的内容产出者比较纯粹，只需按要求产出内容到内容库，不用操心到处去发布、去投稿、去蹭流量，这些工作都由机器代劳了。而在淘系外，比如某内容运营人员为公司写了一篇文章，除在微信公众号上发布外，还要绞尽脑汁思考哪里还有可能的目标用户，要到处去散播内容，一个小小的微信公众号带来的浏览量根本对不起写文章的辛苦，传播效果非常有限。所以，内容从业者最好倚靠本身就有流量的平台，成为生态圈的一员。

内容品牌化放大声势。前面讲了内容产品化，这已经很厉害了。淘宝还做到了内容品牌化，真是脑洞大开！“淘宝造物节”和“淘宝二楼”就是典型例子。这些项目主要由淘宝市场部操刀。运营人员忙着把内容变现，市场人员则通过把内容做到极致，形成了叫好又叫座的传播效果。

4.2.1　案例研究：淘宝二楼“夜淘宝”

简介

“淘宝二楼”是淘宝的短视频内容营销阵地。淘宝洞察到晚上22点到深夜是年轻人“刷”淘宝的小高峰，希望在这个新阵地上展示一些年轻人喜欢的精选好物，从而让“90后”“00后”觉得淘宝很年轻化、很懂他们。从2016年开始，每半年举办一次主题活动，已有的三次活动是“一千零一夜”“夜操场”和“背包怪客”。活动期间，晚上22点以后在淘宝App首页可看到入口图。Slogan：美好的物品能治愈。

一千零一夜

有哪些好的创新

作为一名观众，我认为这个栏目的创新有三个方面。

1. 视频体验的创新。竖版视频给人耳目一新的感觉，而且风格上不落俗套，每一帧都很精细，达到了电影级的效果。

2. 货品选择的创新。在“向视频里植入什么货品”这个问题上，既没有选择销量本来就很好的爆款商品，也没有选择很冷门的商品，而是通过潜力新品挖掘模型找到那些有潜质、有话题性的商品品类。这个模型里面有哪些维度肯定是商业机密了，不过可以猜测和上新时间、商品数环比增量、销量环比增量、搜索环比增量、购买用户的年龄层次及标签有关。

3. Landing Page（着陆页）的创新。在这里，视频播放完随即出现Landing Page，页面中承载的是跟视频内容关联度高的产品。比如视频里提到了小胸女孩，页面中就会出现适合小胸女孩穿的性感文胸商品供购买。更厉害的是，有一期活动名称叫“千人千面”，讲的是故乡的一碗面，视频和Landing Page都做到了“千人千面”（这里的“面”意指“面条”）。比如我是四川人，看到的就是四川担担面，我老公是宝鸡人，看到的就是宝鸡擀面皮。相比先展示一个偏品牌介绍的视频，然后以货架形式展示商品，这种方式的页面转化率要好得多。

“淘宝造物节”线下活动

4.2.2　案例研究：淘宝造物节

简介

“淘宝造物节”其实更像事件营销，但是因为其内容的形式特别丰富，所以我把它作为内容品牌化的一个案例。它的推出是为了“圈粉”年轻人，要做对标“双11”的大IP，宣扬淘宝“万能”“有趣”“有创造力”的特质。2017年夏天的这次活动主题为“奇事江湖”。

有哪些好的创新

“大数据+人工”筛选出108家有故事的店主，打破传统类目的分类方式，而是以风格来划分，分为东市-潮玩黑市、西市-超幸福街区、北街-原创星球、南街-脑洞工厂，并在线下还原了线上店铺装修场景。该活动形式丰富，短视频、直播、内容导购（“种草”指南）、线下展览，都用上了。

以上两个活动对卖货的促进效果如何？

首先，淘宝官方的说法是这两个活动是做调性的、做传播的，不背负销售额KPI。“淘宝造物节”没有相关的销售数据可查，“淘宝二楼”有单品爆款的数据可查。

“他们（淘宝市场部）从新入口的流量、成交转化数据、商家和消费者口碑、对淘宝夜间大数据的影响等方面去衡量此次活动的效果：淘宝‘一千零一夜’首页上线两周，页面流量均值稳定在百万级；《一千零一夜》视频力推商品的百度指数和淘宝搜索量均创历史峰值，以鲅鱼水饺为例，其在淘宝的搜索量增长了200倍，第1天的数据截至8月11日上午7点，用户观看《鲅鱼水饺》短视频后，在淘宝下单购买了近34万只鲅鱼水饺、近5吨牛肉丸；8月17日晚上线的《百香果之梦》视频，让百香果这个名不见经传的水果瞬间成为‘现象级’商品，24万个百香果在活动上线后立马售罄。”（以上内容来自SocialBeta的推文）

可见，内容营销的威力虽然不能与纯利益点刺激的卖货导向的活动相比，但对销量还是有一定作用的，向“品效合一”这个方向靠拢。在这类活动中，有差异化、创新性、黑科技、走情怀的产品效果会更好，销售这类产品的商家更值得在内容营销上投入。

4.3 内容运营的职能及能力要求

我们先来看看有关“内容运营”岗位的招聘启事，下面是两则月薪4000~7000元的内容运营专员的岗位要求。

1）负责@微博电影账号的日常运营，挖掘最具价值的电影内容；2）发掘并推广优质的电影点评内容，引导用户点评电影；3）专题内容策划，结合重点电影和行业热点，策划相关内容并进行有效推广；4）线上活动策划和执行，结合运营目标策划周期性活动，带动用户活跃和内容产生；工作要求*影迷，具有一定阅片量和电影基础知识，了解微博上的导演、电影博主与影评人；*深度微博用户，熟悉微博语言习惯，擅用表情包的段子手加分，有大号运营经验加分；*两年及以上互联网运营经验，对电影类各大媒体与应用有一定了解；*性格开朗，工作有计划擅执行，主动性强，工作思路清晰有逻辑性

岗位职责：1、文字功底扎实，有较强的创新和原创能力，吸引用户关注度、提高用户粘度；2、负责资讯更新、创建百度百科、百度知道、百度经验、论坛、贴吧等内容选题策划、撰写、发布、更新等工作；3、搜集、挖掘并跟进热门事件、热点新闻，并通过公众号、专业论坛、微博等新闻媒体对外传播。任职要求：1、你不一定相当热爱文字，但你需要对文字有相当的敏感度，会写、能写、尤

某内容运营专员岗位要求

下面是一则月薪20000元的内容运营专家的要求。

岗位职责 1）付费内容的策略制定和项目负责人，为付费栏目质量，成交负责 2）搭建淘大PGC阵营，形成激励和产出机制，应用于体系内外内容平台，负责淘大新媒体和图文栏目体系 3）提炼内容环节的核心数据监测反馈，推动内容产品化 岗位要求 1）5年以上内容运营经验 2）对内容生产和消费有深入理解和实践 3）善于建立合作方驱动机制，调用资源实现目标

某内容运营专家岗位要求

我们可以大致看出区别。前者的进入门槛会比较低，通常是为有网络销售渠道的品牌方服务，工作中的必要要求是大量产出稿件（原创或整合编辑）、全网分发、与粉丝互动、策划“涨粉”活动，要具备一定的广告投放经验，比如微博粉丝通、腾讯广点通。后者的进入门槛会比较高，大多受雇于平台方，比如淘宝，其岗位要求中需要引起注意的是，要对内容产出方形成驱动机制、推动内容产品化、为成交负责。

4.4　内容运营与新媒体运营的区别

说到内容运营，大家很容易将其和新媒体运营搞混。

首先，它们的维度是不一样的。内容运营，运营的是内容，让多种多样的内容生产和消费出去，是原先商品运营的升级；而新媒体运营，运营的渠道在新媒体上，让内容通过新媒体渠道出去，是原先传统媒体运营的升级。实际上，我们做内容运营，既可以在新媒体上做，也可以在传统媒体上做，只不过现在基本上都在新媒体上做了，所以大家会容易混淆。

内容的多种表现形式

比如以上多种内容形式，都可能在包装产品时用到。我们会把产出的内容最大化地推送给目标用户，无论是在新媒体上（微博、微信、今日头条、知乎等），还是在其他地方。哪怕是通过传单的形式印刷发布出去，通过朋友圈发海报的形式，或者在微信群里发体验报告、使用者的评论截图，抑或是在论坛里发帖“灌水”、自问自答等，都是内容运营。

对于没钱的初创公司来说，内容运营比新媒体运营更加属于标配。内容运营干的是脏活累活，成本低见效快，顽强得像以前电线杆上的牛皮癣广告一样，无孔不入，但就是有效，只不过现在内容质量升级了。

其次，在成熟公司里新媒体运营隶属品牌部，是传达品牌信息的，而内容运营隶属运营部，因此两者看重的数据各有不同。新媒体运营重视生产爆款、吸引眼球，看重阅读量和转发量。一个新媒体运营人写过一篇“10万+”文章是一辈子的光环。而内容运营人更重视内容的生命力和对主营业务的价值。

每次我问“运营圈子”里的同学，你们脑子里第一印象内容运营做得好的是哪家？好几位同学说是杜蕾斯。很遗憾，我告诉他们，我教不了。我认为杜蕾斯是做新媒体运营的标杆，而不是内容运营的标杆。你去模仿它是没多大意义的，首先人家请的是顶级团队操刀，你请几个月薪几千元的新人根本做不来。另外，人家是把品牌预算中挪了一部分去做新媒体运营，是不背负销售KPI的，而你作为运营人好意思不背负销售额KPI吗？这样的运营人是挺不直腰杆的。做内容运营走在前面的，在电商平台领域可作为标杆的是淘宝、网易严选这类，在内容创业公司中可作为标杆的是“一条”“开始众筹”，独立品牌里做得比较好的是家居生活品牌“质造”——做上下杯的那家。

4.4.1 案例研究：开始众筹

“开始众筹”主要做空间类的众筹，尤以民宿居多，以充满情怀的“创始人&项目短视频+长图文故事”替代了电商平台中的宝贝详情页，直接通过内容让用户下单。真的，你身临其中才知道内容的力量有多强大，我连BP（商业计划书）都没看就心动了好几次，也真的有人掏几万元下单认筹。

我参与共建的项目之一

通过这种方法吸引来的人往往有着共同喜好，愿意付费的客户，转化率和客单价自然高。这样不需要海量地吸引用户关注，只需要找到几百个直接客户，人数不需要多。内容即流量这条路走通后，“开始众筹”就开始做媒体矩阵了，它旗下的生活方式类微信公众号多得吓人！三大矩阵（一人一城、有束光、简二家）拥有30余个微信公众号，覆盖2000万城市优质消费人群，可以直接或间接地为众筹项目导流，2016年完成的众筹项目总金额超10亿元。平台收取项目众筹金额的几个百分点作为佣金。这对于民宿主来说也是非常好的一个渠道，一家拟筹备开业的民宿如果利用自己的微信公众号或微博渠道宣传，根本不可能短期聚集那么多感兴趣且愿意掏钱的共建人。

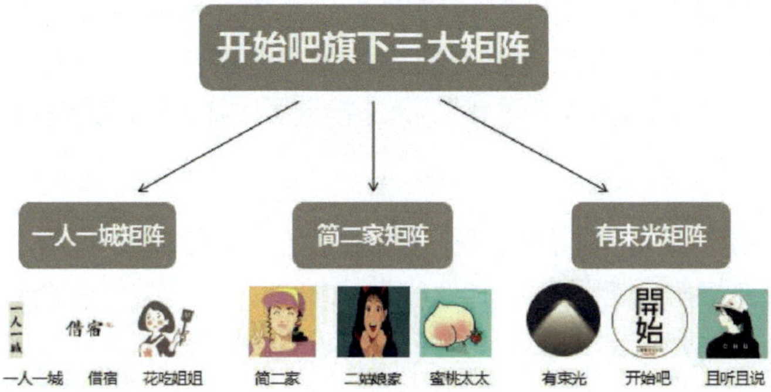

开始系部分微信公众号

4.4.2　案例研究：独立设计品牌“质造”

“质造”，成立于2013年的杭州设计团队，立志于打造东方生活饮食器物品牌。他们的第一个爆款商品是一个以木材和陶瓷为材料制成的有创意而简单的杯子，名为“上下杯”。他们在这个产品上做足了文章。他们自己的微信公众号影响力并不大，但他们输出了一个非常棒的故事给各类微信公众号，故事里讲述了几位设计师花三年时间，无数次推敲打磨，无数次失败又重来，马云、王石、柳传志、李连杰、姚晨、舒淇、乐嘉等名人都是他们的客户，一时间各大媒体争相报道。后来他们开始铺渠道，入驻一条、罗辑思维、吴晓波频道等精准平台售卖商品，销售额与平台分成。如此，打造了第一个爆款商品，赢得了高溢价，后面逐渐拓宽了产品线。他们的新媒体运营说不上做得有多好，目前微信公众号文章的平均阅读量就1000人次左右，但他们的内容运营做得好，把自己打造成了一个内容源，借用别的渠道做内容分发并带动成交，总能将曝光转化为销量，实现了“产品即内容，内容即流量，流量即销售”的理想闭环。

“质造”的故事

前面介绍了新媒体运营和内容运营有差异的地方，当然，它们的共同点也非常多，也不排除有机智灵活的老板本来招了个新媒体运营人员，在发现转化效果不明显时，及时纠正方向在更精准的平台和用户群里去分发，甚至包括站内的宝贝详情页文案等，这就更偏向内容运营了。新媒体运营和内容运营在技能上是相通的，从业人员都需要对用户在哪、喜欢什么信息有敏感度，有一定的文笔能力，“网感”好。（“网感”就是指对网络内容的敏锐度、感知力和判断力。）

接下来介绍内容运营工作的几个要素：定位和调性、产出方式、选题、标题和分发。如果你接触内容运营的其他阵地比较少，只对微信公众号熟悉，也可以站在运营公众号的角度阅读以下内容，以后再接触其他内容阵地时，经验是可以迁移过去的。

4.5 内容的定位和调性

开始做内容的第一步就是确定内容的定位和调性。定位，指运营人员扮演一个什么样的角色，想“圈粉”哪一类用户，打算输出什么样的价值观。调性，指运营人员的语言风格、口吻等。这两者是一体的，都属于定调的关键步骤。虽然看起来有点虚，但这一步要想清楚。做内容跟做产品、创业一样，都要有定位这一步。

好的调性和定位应该具备以下特点。

- 高辨识度。辨识度是最好的“涨粉”利器。
- 高代入感。只有让用户建立信任感，才能产生高黏性。
- 高连接性。每个人都渴望看到想成为的人、想过的生活。

下图是简二家、一人一城两个微信公众号的“自白”。通过短短几百字的描述，用户就能知道这个公众号是什么性格的、这里会有什么内容、是否符合自己的兴趣。可以说微信公众号的主理人把“自己是谁”描述得非常透彻了。

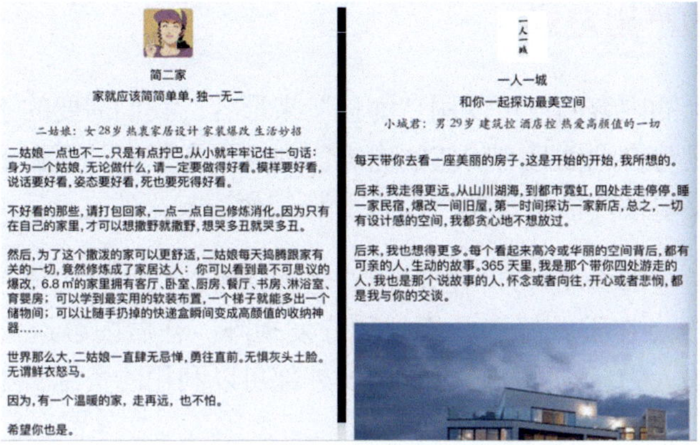

“简二家”和“一人一城”的定位

这里需要注意的是，**要结合自己擅长且用户需要的，拒绝一切不会的、不擅长的内容，否则难以高效输出。**我的一位朋友从人人车销售总监辞职，做了一个微信公众号“老梁推车”，打算做一些二手车短视频，辅助进行二手车帮买帮卖业务。他看了市面上所有二手车“网红”的短视频，发现大都是搞笑段子手风格，但是我和他都清楚做不到这种风格，可能花一整天时间可以编排出几分钟逗乐的视频，但这不是他的风格，无法持久。我告诉他，不要模仿别人，要明确自己的目的是通过短视频传播二手车知识，让用户明白短视频背后有个懂车、诚信、专业的团队，在他们需要的时候可以提供二手车帮买帮卖服务。涉及二手车交易，用户最需要的就是信任了，憨憨的样子挺适合的，就做你自己！于是他开始一集集地录制视频。虽然有朋友善意地告诉我们，太正经了，一点也不好笑。但我们心里清楚，我们是这个领域的后来者，只能去抓一小撮能变现又懂我们风格的人，不可能“圈粉”一大片后，再在里面筛出能成交的。老梁的优势是做交易，内容是引流和提高转化率的方式之一，不能在内容上和先入者“肉搏”。

如果你新接手一个公司的内容运营工作，你需要观察公司以往的内容是什么样的，而不是另起炉灶，跟以往的性格割裂开。我曾服务过一个旅游品牌 bikego，我们会从以往的内容、宝贝详情页或旅行产品气质里提炼棱角分明的标签，比如“有趣酷玩法”“小众深度”“Local 领队”“带你玩的乐于分享的‘90 后’男生”，然后在接下来的日子里用一系列具体、切实的内容去支撑、强化这些标签。这里的内容包括但不仅限于工作用的个人微信号的个性签名、朋友圈内容、微信公众号 & 微博上的内容、马蜂窝上的签名、马蜂窝攻略里可以植入性格和个性的位置等，就是会在所有展现对外形象的地方表现同样调性的内容。这样，“调性和定位”这一步才真正得到落实，才能被用户切实感知到。

4.6 内容的产出方式

这个世界上的内容简直可以用“海量”来形容，我们需要的不再是内容的堆砌、复制，而是符合调性且有价值的内容。内容不在于多，而在于精。一篇有价值的文章可以反复被传播，其作用远高于10篇拼凑起来的文章。

内容并不是全部由品牌方自己产出，老板或者部门主管应该寻觅最适合的人来产出内容，重点在于做好选题规划和分发矩阵。在做内容运营前一定要想好自己可以投入的人力、物力和财力，以及外部可以利用的资源，不要陷入内容的漩涡。

内容的产出方式主要有以下几种。

1. BGC：Brand-generated Content，品牌生产内容。以公司内部的团队（in-house）为核心，为受众提供产品/品牌/生活方式相关的信息，目的是让品牌成为消费者心目中的权威专家。比如很多初创公司的新媒体号就是由自己招聘的“小编”在产出内容。

2. PGC：Professionally-generated Content，专业生产内容。品牌方邀请在某领域比自己更具发言权的专家来产出内容，给用户提供更权威的内容，以转化或吸引更广泛潜在用户的关注。比如现在流行的网红直播植入品牌广告。传统品牌借助PGC来扩大自身影响，也经历了三个阶段：从广告到赞助、从赞助到植入、从植入到定制。好的定制广告不但不会让人反感，反而让人觉得看得很爽。但是在品牌的转化率还不理想的情况下不建议花钱去做定制，即便吸引了很多人来看，但是留不住人，不能转化付费，也是白搭。不如小规模灌些流量进去测试一下转化率，迭代到比较满意的程度后再从外部引入更多付费流量。

3. UGC：User-generated Content，用户生产内容。以品牌方的粉丝群为土壤，鼓励、刺激他们产出原生的口碑内容。这方面如果做得好，不仅节省了很多内容产出成本，而且内容更接近用户群，能容易引起共鸣。比如2017年3月被“刷屏”的网易云音乐的乐评地铁事件，主角就是从平台海量的乐评人中筛选出的点赞数高且让人记忆深刻的，该活动广受好评，传播度极高。

一开始产生好的UGC很难，但路径要留出来，要让用户觉得你是欢迎UGC的，很低成本的做法就是在品牌面向用户的各个接触点上，增加用户投稿入口、反馈入口、评论入口，并且要做到积极回应。

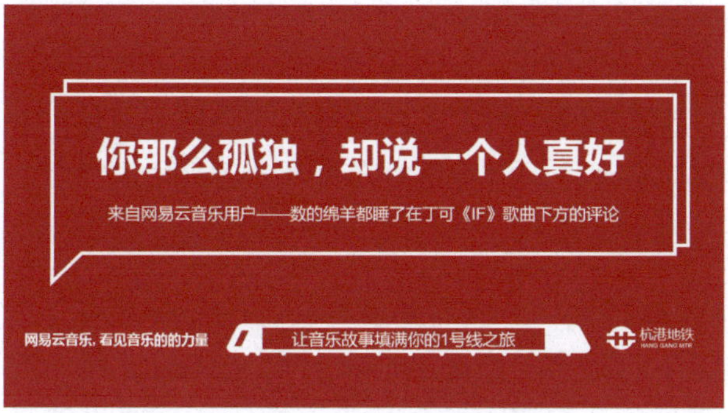

网易云音乐的乐评地铁广告

4. PUGC：Professional User Generated Content，专业用户生产内容。近年在UGC和PGC之间诞生了一种更流行的内容生产方式，尤其为创业公司所钟爱。UGC的内容良莠不齐，PGC的内容“高冷”且贵，PUGC就是一种很好的选择。具体的做法就是在粉丝中选择金字塔尖那部分有产出能力和意愿的用户来辅助品牌产出内容，一般不涉及付费，但是品牌方会对这群人设置额外的激励、资源置换等。比如我曾经作为民宿试睡师免费为“几何民宿”供稿数篇，每一篇都是我亲自走访、试睡并采访民宿主人得来的。我得到的是圈子、荣誉、免费的房间试睡、新年礼物等。“几何民宿”早期通过这种方式聚集了一批跟自己价值观相符的达人，低成本获得了好内容。

PGC和PUGC主要的区别：第一，花费，请专家通常比请专业用户花费高；第二，专家不一定是你产品的重度使用者、铁杆粉丝，而专业用户是。专家为你代言了但他不一定真的会用或用过你的产品，而专业用户一定会用得很深入，所以能提供的有用信息很多，只不过没有专家影响力那么大。

5. OGC：Occupationally-generated Content，职业生产内容。就是指通过外包、代运营、职业写手等方式来产出内容，这样的方式不太建议用。一是成本高，二是内容和品牌本身的贴合度是需要很大工作量去磨合的。自建内容团队长远价值更大。

各种内容产出手段在公司的不同发展阶段是需要组合、灵活使用的。初创公司初期没有钱请外面的能人写，首要工作是做好BGC，发展UGC和PUGC；而对于已经步入快速成长甚至成熟期的企业，在一些关键节点，比如融资前后、大促、新品发布时，通过外部的优质内容PGC扩大影响范围、俘获更多消费者也成了重点。

4.7 选题技巧

在选题上，一定要有层次和重点。虽然内容是属于感性的东西，但是内容背后的策划者一定要非常理性。内容选题范围不外乎下面这5类，运营者要拿捏好各类内容的占比。

1. **产品与品牌相关内容。**变着角度写自己的品牌故事、创始人的故事、团队的故事、产品诞生的故事、产品初心及打磨迭代的过程、产品的卖点差异化与场景化演绎、产品测评报告、产品体验反馈等。这块虽然是偏硬广的、商业化的，但还是可以写得有温度、易读，千万不要写成产品说明书的样子。例如bikego旅行，其内容中很大比例是写目的地是如何开拓出来的、产品经理是如何去实地“踩线”的、线路设计理念是怎样的、是一群什么样的当地人带你玩、主打产品系列4+2（商务车+自行车的旅行方式）跟别的旅行方式的差别、进驻的每个目的地的攻略玩法等，产出方式为BGC。

2. **所属行业相关内容。**包括产品所处行业的新鲜资讯、事件解读等。这里依然以bikego为例，其文章中会写道：某高铁线路、某航线的开通为旅行带来新的可能，产品覆盖目的地的节庆活动，每个季节最棒的玩法等。产出方式为BGC。

3. **与品牌相符的生活方式。**包括品牌所代表的生活方式、价值观的传递。可以写一些跟品牌个性类似的其他品牌故事和人物故事，给自己贴一些标签，力争成为某种流行元素的代名词。这里依然以bikego为例，会写与自身价值观相符、属于一个圈层的人物、活动或店铺，比如火人节、班夫山地电影节、LP（孤独星球）及Airbnb上新兴的目的地介绍或体验分享、某特立独行的摄影师或旅行人物、独立品牌的咖啡店或老牌“苍蝇馆子”等，以便将自己与生活方式类的酷品牌联系在一起。产出方式为PGC+PUGC+UGC。

4. **品牌方自己策划的主题活动。**比如在毕业季针对学生的活动、暑期针对亲子的活动等，产出方式为BGC+UGC。

5. **适当追热点。**这是可遇不可求的，我们不会花特别多的时间在追逐热点上，虽然沾上热点的文章阅读量通常会高一些，但转化率往往是不高的。比如之前出现双廊上千家客栈关停的热点新闻，我们就发出攻略告诉用户还有哪些海景房可以住；比如《奔跑吧！兄弟》在大理录制、《亲爱的客栈》在泸沽湖录制时，将大理和泸沽湖作为主打目的地，这些都是比较适合bikego的热点。产出方式为BGC。

从1到3是从内向外、有层次的策略，再加上4和5，基本上就能画出属于自己的品牌内容矩阵了。

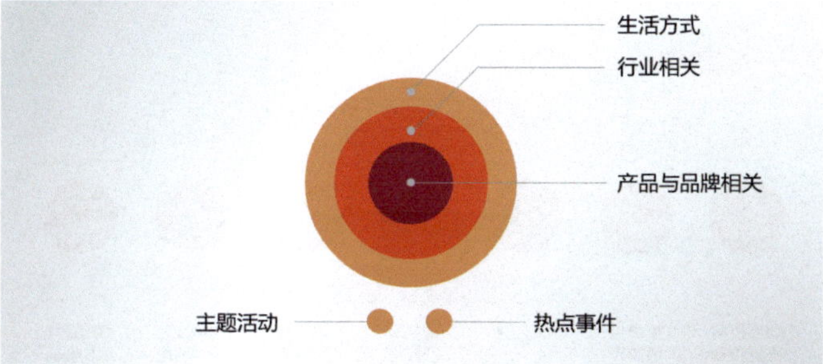

内容矩阵5大块

4.7.1　跟微淘“小二”学内容营销

不建议一开始就把内容矩阵铺得很广泛，虽然有人觉得较大比例地写自己产品相关的内容会显得商业化，但我建议首先要做好这一类内容，否则难以驾驭其他内容。扪心自问，自己有什么资历写行业相关、生活方式类的内容？有那么多同行和专业媒体在写。占据自己最熟悉、最有资格写的领域，这才是核心竞争力，并且越深入的内容其转化效果越好。微淘（淘宝主打内容的产品）的“小二”提供的信息可以帮助我们理解这一点。

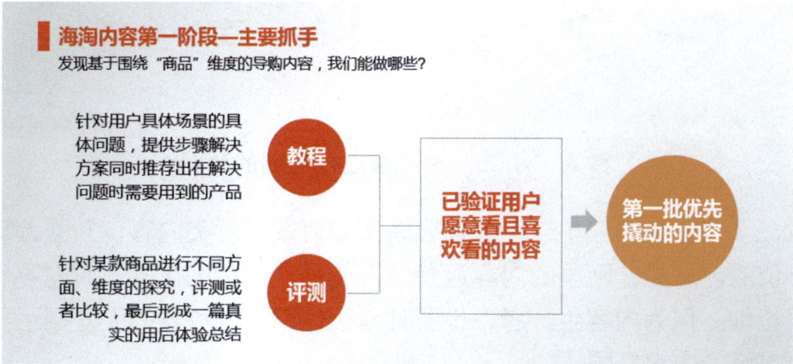

摘自微淘“小二”对商家进行培训的资料

从上图可以看出，微淘通过对大量内容进行分析，发现第一优先级的内容是围绕“商品”层面的，就是我们说的第一类选题。通过更进一步的调查可知，教程和评测类内容是用户愿意看且喜欢看的，从而推荐卖家优先产出这部分内容。然后，“小二”把适合做教程和测评内容的领域分别列了出来，并列举了场景主题示例，这样卖家就非常容易效仿了。

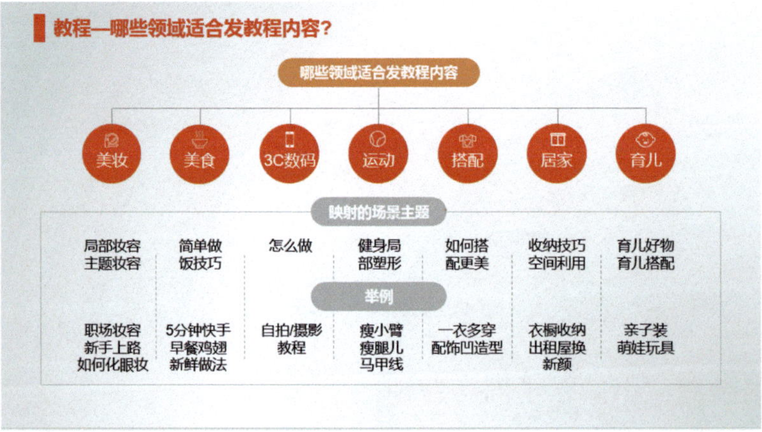

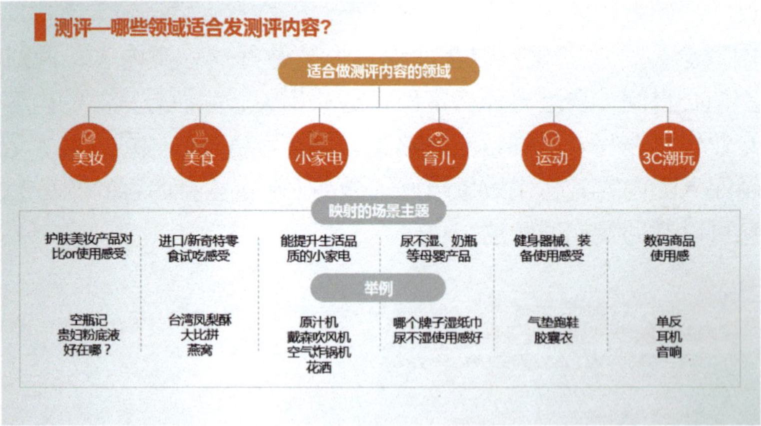

微淘“小二”对商家进行培训的资料

同时，飞猪头条的“小二”会指导商家如何做旅行类内容，并强调玩法和榜单是第一位的。可见，阿里的内容运营做得还是非常精细化的，对内容生产者的指导也很精细。作为内容生产者，也要时刻记住不做泛场景的无差别运营，要找到最适合自己的内容矩阵。

4.7.2　热点的追与不追

“追热点”，是新媒体运营人员尤其看重的，但是对于内容运营人员来说，可以量力而行，将其当成一种补充。对于热点，我们可以遵循以下原则来对待。

- 跟自己个性不相符的不追，不然会损伤品牌形象。大公司在这方面会非常谨慎，例如天猫就几乎不追公益类的热点，因为担心公众会认为这是披着公益外衣的营销。
- 要追热点，“快”和“深”必须占一样。快，要多快？天猫的要求比较高，一般是4~8小时，对于一般公司可以将时间限制放宽为24小时。如果错过了好时机，那就要求内容足够深入才能脱颖而出了。
- 变着角度追热点，当作练习“网感”。就算今天并不是一定要发这篇文章，也可以借着热点的机会召集小伙伴一起讨论，对于这个热点可以从哪些角度来写。例如腾讯公益推出“小朋友画廊”活动引起“刷屏”后，我就在“运营圈子计划”的群里发起讨论，大家从自己的项目出发抛出观点，互相修正。就算因为准备不足无法执行，也算是一次很好的锻炼，下次再遇到此类情况就会做得更熟练了。

4.7.3　追热点的高低境界

追热点也是有高低境界的，作为一名内容运营人员，一定不能满足于只当一名观众，简单地“蹭”标题也能提高阅读量。对于追热点，内容运营人员的境界由高到低大致分为如下3类。

1. 对热点事件的盘点、始末揭秘或者深刻思考。比如知名人士鹿某和关某的热点新闻出现时，正值国庆假期，有的编辑为了追求快速发布文章而放弃了休假，但其中大部分文章还是淹没在茫茫“文海”之中。馒头商学院一篇相关文章是在事件发生后第5天发出的，但是内容深度足够深，并且做到了与自身相结合（见右图）。平时该微信公众号文章的阅读量在1万人次左右，而这篇文章的阅读量

馒头商学院追热点的文章

迅速超过了10万人次。

2. 利用热点事件的某个共同点与自身建立联系。例如，对于2017年下半年发生的幼儿园虐童事件，心理学家、教育专家能比较好地找到切入点来解读；对于江歌遇害事件，法律学者能比较顺利地找到切入点来解读。

3. 简单粗暴“蹭”关键词。同样是针对鹿某关某事件，以下标题不明就里地模仿事件主人公的微博句式，就显得比较乏味了。

大家好!给大家介绍一下,这是我的家@中国

大家好,给大家介绍一下,这是我的男朋友

大家好,给大家介绍一下,这是我猪队友

大家好,给大家介绍一下,这都是别人家老公.

大家好,给大家介绍一下,这是「最全产后修复笔记」

大家好,给大家介绍一下,这是@北京的 24 小时!

模仿事件主人公微博句式的文章标题

4.8 标题编写技巧

“标题党”如今不是一个贬义词了，不做“标题党”才危险！那怎样写出能让人看了就想点击的标题？

标题里一定要预埋“吸睛点”。没有“吸睛点”的标题千万要删除重写。常用的做法是，内容运营人员写完一篇文章提交上级审核时要附带3个标题，由上级选出最好的那一个。这里列出7个常用的标题编写技巧，供初学者学习。当你写标题比较有感觉了，再去发挥自己的风格编写标题。不要觉得这些技巧显而易见、过时，其实用户没有内容从业者那么敏感和先进。

4.8.1 常见标题编写技巧

1. 数字。例如融资类自媒体“铅笔道”，其文章标题几乎都有两个以上的数字，让人觉得内容特别真实可信，如下面左图所示。

2. 名人。尽量和名人建立联系，很吸引人注意力，如下面右图所示。

“铅笔道”文章标题列举

bikego在今日头条上的某高点击量文章标题

3. 制造反差和转折。“开始吧”的文章标题通常如下图所示，前半句描述一个人，后半句讲述这个人做了一件跟其身份不相称的事。

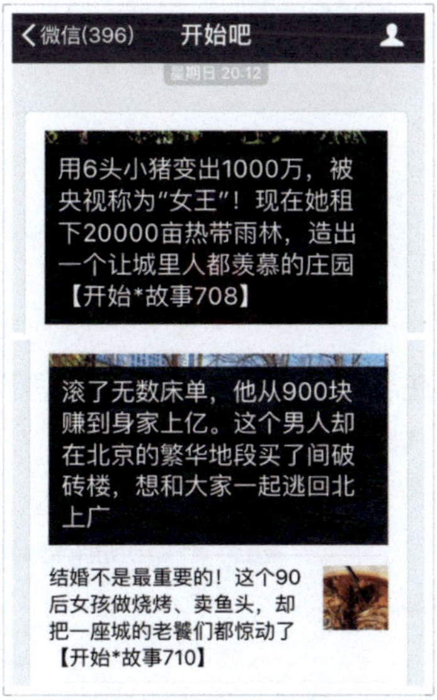

“开始吧”文章标题列举

4. 为利益团体代言。比如咪蒙的《致贱人》，说出了很多人想说却不敢说的话；比如成都某城市媒体写的《成都即将全面开挂，1个月后，你绝对不想离开》，很多城市生活类自媒体会使用这类标题去契合当地人的情绪，获得共鸣，引起转发和分享。

5. 直接说明价值。比如口号为“世界太芜杂，我帮你整理”的“清单”微信公众号，其文章标题给人感觉是提供浓缩后的信息，能帮读者节约很多时间，如下图所示。

“清单”文章标题列举

6. 制造悬念。bikego在今日头条上的几篇推荐量、阅读量和评论量都不错的文章使用了这样的标题，如下图所示。

bikego在今日头条上的文章标题举例

7. 引发争议。咪蒙特别擅长这招，其对标题的重视程度也值得我们学习，如下图所示。

咪蒙的文章标题举例

最后需要提醒一下，虽然这7个写作技巧适用于各种标题，但是通常在分发到不同平台时需要改标题，各个平台的偏好还是不太一样的。不变的是，标题必须有“吸睛点”。

4.8.2　案例研究：天猫的哪则文章标题好

以下两个标题，哪个效果更好？

A：9大超市入驻天猫，全球同价，还狂发1000万元优惠券

B：听到这个消息，“歪果仁”哭晕在厕所

这是我在天猫品牌营销部时，为一篇推文编写的两个标题，当时在团队内部引起了争议。我坚持A，但大部分同事觉得B好。后面我问我学生时，回答也有所不同，有说A好的，有说B好的，有说都好的。事实上这两个标题都不错，A用了标题编写技巧里的第5点，直接说明价值，B用了标题编写技巧里的第6点，制造悬念，都有“吸睛点”。如果一定要分出哪个更好，就要考虑具体发布渠道。A更适合放在天猫站内或者导购类自媒体这类更精准些的渠道；B适合放在其他更外围的合作媒体上，比如时尚、生活方式类的媒体，显得没那么商业化，容易引起人的好奇心，用户漏斗的开口会大些。

当我带内容运营新人时，我会把80%的精力放在选题和标题的指导上。新人在写文章的时候，需要花一半的精力收集素材、搭建结构，剩下的精力用于动笔写内容，千万不要把大部分精力都花在写内容上，前后工作反而没做好。**选题和标题对文章的阅读量起到80%的作用，而分发让内容的生命力延续。**接下来就让我们聊聊内容分发。

4.9 内容分发

第2章介绍了运营人员的4种思维，其中“生态化思维”就是跟内容分发相关的。内容分发就是把内容推送给目标群体进行“消费”，这种“消费”行为不一定是用户真的付费进行购买，而是包括阅读、转发、收藏、关注等行为。

内容分发的第一步是挑选适合的渠道，适合别人的不一定适合自己。比较简便的做法是先把主流内容发布平台逐个列出来，了解入驻政策、扶持政策、推送政策等，然后用一个月的时间去试，逐渐调整分发比例，剔除投入产出比不高的渠道，再加入一些有潜力的垂直渠道，逐渐形成自己的内容分发矩阵。当然也可以参照竞品的内容分发方式。目前主流的内容分发渠道如下图所示。

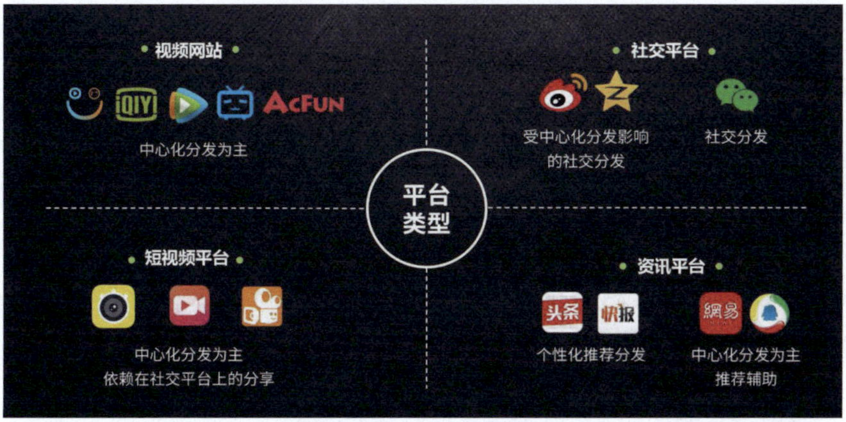

主流的内容分发渠道

这里特别要提醒的是，不要未经思考就义无反顾地把大部分精力放在没有多少粉丝、阅读量持续走低的微信公众号上。很受欢迎的某知名自媒体都已经“去公众号”化了，其大部分播放量来自公众号之外的渠道，如下图所示。

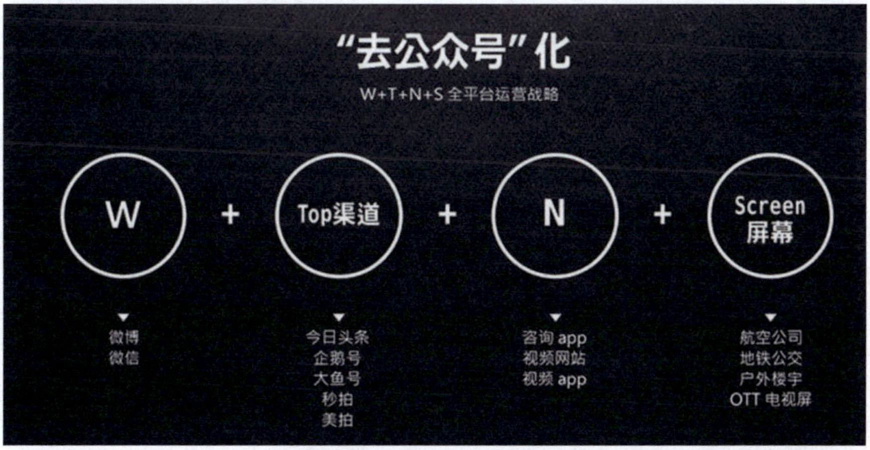

某自媒体的内容分发情况

在定义自己的内容分发渠道的优先级时，不要单纯看阅读量，而要通过复合维度来评判，比如投入精力、用户精准度、内容生命周期、能否为商品导流、阅读量、粉丝互动情况、用户沉淀等维度。经过测试，bikego 设定的优先级如下。

A：马蜂窝＆微信生态圈

B：飞猪&微博

C：今日头条&知乎

A类中的微信生态圈指个人微信号、公众号、微信群，这三个是密不可分的，一定要配合起来用，才能抵消公众号与粉丝互动差、封闭、阅读量走低的劣势。

再举个例子，当我们运营人要打造个人IP时，可以选择一些平台来输出有自己价值观的内容来“圈粉”。经过测试，适合我自身情况的渠道优先级如下。

A：微信生态圈&知乎

B：馒头商学院&人人都是产品经理等专业类的微信公众号

C：线下分享

知乎，特别适合有干货、某一领域的专家，容易实现知识变现。在知乎上，如果花几个月好好挑问题来认真回答，不仅可以实现个人微信或者微信公众号涨粉，还可能会有在线教育平台的BD（业务拓展）人员发私信邀请讲课等潜在合作机会。

可以看出，主体是谁，目标群体在哪里，会使渠道优先级差别很大。并且要关注垂直行业的内容社区，比如旅游商家要关注马蜂窝、飞猪和携程攻略等，如下图所示，这些平台比其他的体量大，而且与泛行业的内容平台相比，离用户更近，离交易更近。

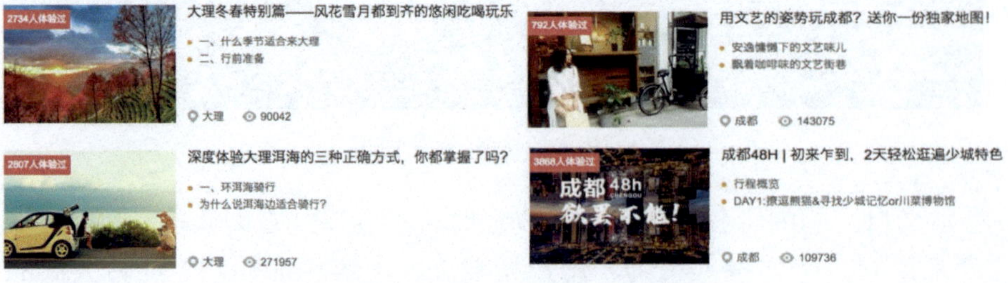

bikego在马蜂窝上发布的攻略文章

小众旅行的先驱“稻草人旅行”的创始人小左曾告诉我，他们在喜马拉雅FM上建了电台，通过音频节目知道他们的客户占比还不小。这是一件让很多同行意外的事情。对于美食商家，除大众点评外还可以关注“下厨房”App，可以在该App上发表的菜谱文章底部植入个人信息；对于美妆商家，可以钻研“小红书”App；对于汉服商家，可以研究“B站”；对于手工艺匠人，建议研究“东家”App。

如果要在今日头条上发展，那么文风一定要接地气，要了解机器推荐机制。不要道听途说，大部分信息都可以在官网上查询到，如下图所示。

推荐相关

- “已推荐”标识是什么意思？ 展开
- 推荐量和阅读量有什么区别？ 展开
- 头条号的内容推荐机制是怎样的？如何获得推荐？ 展开
- 为什么会出现文章的推荐量低于阅读量的情况？ 展开
- 为什么在我的主页/频道看不到被推荐的文章？ 展开

今日头条官网列出的常见问题解答文章

总之要多尝试，“90后”“95后”用户对新兴渠道较为敏感，如果大家都在同一个渠道铺内容，竞争会白热化。所以在同类渠道上要做得比别人好，并且要同时去寻找有潜力的新兴渠道。

我们自始至终、孜孜不倦地寻找的流量价值洼地，就是那些流量又便宜又好的新鲜地儿。

4.10　如何写销售导向的软文

内容运营人员有时难免要写销售导向的软文，或者请KOL、专业用户来写，这类文章的写作难度会大些。常见的软文类型有以下几种（如右图所示）。

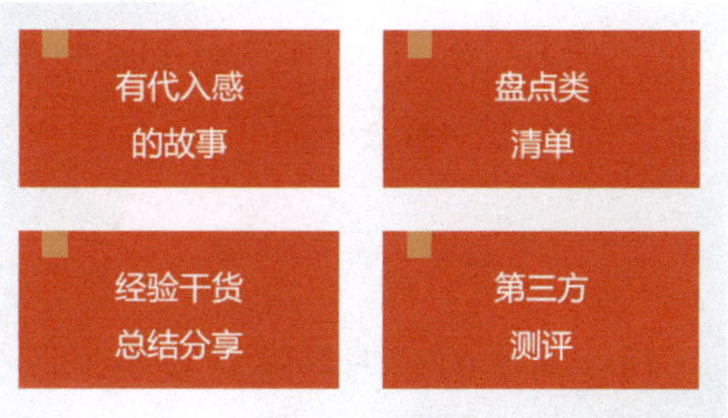

常见的软文类型

1. 有代入感的故事。比如关于情感、梦想、抉择等的都市故事，当读者看得酣畅淋漓时，在文末发现这是篇广告，让人哭笑不得。咪蒙就非常擅长这点。虽然有用户觉得反感，但这种方式的效果明显比“硬广”好。

2. 盘点类、清单类。比如之前我们会请bikego的“铁粉”写《在大理的10个不可错过的小众体验》，其中有跟我们产品无关的民宿和咖啡馆介绍，也有坐皮划艇看洱海日落，在莫催茶室喝茶，在寂照庵赏多肉植物、吃斋饭等直接与我们产品相关的内容，放在一起就会让读者觉得特别自然、可信。这样的文章对用户有价值，且提到的其他主体，如民宿和咖啡馆等也愿意帮我们去转发文章。这是比较巧妙且容易上手的一类软文写作方法。

3. 经验干货总结分享。有时我们在网上查询资料时会发现有一类文章非常有价值，文中会用作者自家的商品现身说法，读者自然而然会对这位乐于分享的作者及其商品产生好感，甚至下载相关App或者关注微信公众号。

4. 请第三方媒体做权威评论或测评。比如很多公司在做完广告后会让专业的媒体来评论商品，看起来会比“公关稿”更加自然，优点缺点都会写，但是最终还是正面地向大众展现了商品，试图点燃用户的讨论甚至争议，引发第二拨传播。

这里需要注意的是：软文最好由合适的人来发，用自己的号发很容易被用户看穿，有自卖自夸的嫌疑。如果要找微信、微博大号来发文，可以在微播易和新榜等平台上去找，也可以直接在看中的微信公众号后台“勾搭”小编。低成本但费时间的方法是找有一定影响力的用户，通过资源置换的方式请对方撰文或发文，或者与处于同一个圈层但非竞争关系的微信公众号一起做互推。例如盘点类、清单类文章，完全可以联合大理10家“小资”精品店铺，分别提供餐饮、住宿或游玩服务，请一位旅行达人来一一体验并撰写软文，然后用他自己的账号（包括微信公众号、微博、马蜂窝等）联合这10家店铺的内容渠道一起推送。成本低、效果也会很好。

4.11 如何练习写作

写作，仍然是一种效果优、成本低、流传时间长的传播影响力的优选方式。

写作对于所有内容运营人员来说都是基本功，但并不是在学生时代的作文写得不好，就做不了内容运营工作，两者的标准是不一样的。有很多语文成绩好的人，在自媒体时代却很难施展拳脚，其思维较为局限，很难扭转过来。关于如何提高写作能力，要讲的内容很多，这里介绍最重要的几点。

写作是有分类的，分别如下。

第一类：为自我表达而写作。

第二类：以记录为目的的写作。

第三类：为影响和传播某种思想、观点而写作。

很多大学生运营自己的微信公众号，认为这对找工作有帮助，就开始像写日记一样写自己的心路历程、人生感悟。虽然写得特别认真，但一段时间后没有多少阅读量，也没有“增粉”。问我这是怎么回事。我说，大家为什么要看这些内容，大家都太忙了。除了家人和关心你的人会看，其他人并不想看，因为这些内容对他们没有价值。这种写作就是上面说的第一类，要努力往第二类、第三类去发展。开始时，可以进行以下练习。

第一，立刻开始记录自己的生活（微博、朋友圈、记事本），提高自我观察和表达能力。

第二，在工作和学习中大量练习记录和文档型文章的写作，强化结构化思维能力，加大思维深度。

第三，当感到某想法不吐不快时，将其“捕捉”下来，形成影响式写作。这类作品才有可能真正成为“爆文”。

基本功练好了，如果新加入一家公司做内容运营工作，对该领域不熟悉，那么如何快速上手？

首先，划领域，单点突破。在一段时间内专攻这个领域，在新榜上寻找模仿对象（在新榜排行榜的服务号或网页上可以找到所属行业的TOP公众号），研究竞争对手。在这段时间里加强学习相关内容，并且收藏这个领域中有价值的文章。得益于信息世界的畅通，不出3个月，你就会比大部分人了解这个领域。

然后，长期要做的是培养“网感”。对于以上很多内容，只要“网感”好，不用死记硬背，就跟着自己的感觉做也能得到不错的效果。如何培养“网感”呢？可以持续与利益相关者聊天，并养成看数据的习惯。

4.12 内容运营工作如何进行数据化考核

这个话题可以分为两个层面：内容运营人员要通过哪些数据来证明自己的工作价值，老板如何考核内容运营人员的业绩。

1. 内容运营工作有哪些相关数据

评价内容运营工作要看三层数据：影响了多少人（阅读及转发相关数据）、多少人成为粉丝（新增粉丝数据）、通过内容产生的交易数量及交易额（交易相关数据），如下图所示。前两点比较容易找到对应的数据，内容平台的后台一般都会提供相关数据。比较难的是获取交易相关的数据，我们通常用专属链接、专属二维码、专属优惠码、专属优惠券等方式来进行统计。

内容运营相关的重要数据

2. 内容运营岗位的绩效考核

早期的内容运营人员工资比较固定，类似文案一职。如今内容越来越多地承担起营销的功能，加上现在的初级内容运营人员大都是“90后”甚至“95后”，所以需要设置一定的绩效考核指标，以调动他们的积极性。在此提供一个粗浅的绩效考核思路：在设定一定文章产出量的基础上鼓励打造“爆文”。例如，绩效门槛是当月的文章传播量必须达到全网阅读量*X*人次以上（某些渠道的相关数据需要“打折”计算），完成传播量指标的前提下才有绩效奖励。例如，某篇文章的阅读量达到*Y*人次以上，奖励一定金额；另外，通过文章转化的成交金额的某百分比作为提成奖励。

老板如何如估算内容运营的价值？因为内容运营工作“润物细无声”，短期内很难看到显著的引流效果，有的老板会疑虑是否值得设置这个岗位。在此提供一个**把内容运营人员的产出货币化的思路。**假设内容运营是和其他线上、线下投放并列的一个用户获取渠道，根据以往经验，算出一篇文章的平均阅读成本为A元，获得一位新粉丝的成本为B元，获得一位成交用户的成本为C元，那么产出的价值$=A\times$阅读量$+B\times$新增粉丝数$+C\times$成交用户数。只要产出的价值大于为此岗位支付的薪资，就值得设置这个岗位！

有很多内容运营人员与老板不欢而散：运营人员抱怨老板不懂行，老板抱怨运营岗位可有可无。在这方面，传统企业海尔算是做得很好的，他们的几点经验如下。

- 高层肯放权，中层不干预，编辑敢折腾，机制比团队更重要。
- 不外包，不找供应商；如果要找，就找最好的。
- 千万别把官方新媒体运营想象成一件很痛苦的事。
- 娱乐化是趋势。
- 一切产品皆服务，一切服务皆内容。

4.13　产品即内容，内容即流量

内容运营工作追求的是“产品即内容，内容即流量，流量即销售”的闭环。较难理解的是“产品即内容”，这不是表示产品生产出来后，将内容硬贴上去，而是产品本身在设计之初就植入了很多可以传播的因素，内容只是把它们挖掘出来并放大。回忆一下之前提到的“质造”案例，同样的故事如果加在一个没有特色的杯子上会有这样的效果吗？新进入的创业者容易踩的一个“坑”是，看到一条、年糕妈妈、谁最中国等自媒体大号都在开店卖东西、做内容电商，也想走这条路。但要知道，对别人来说是捷径，对新进入者来说可能是弯路。一是自媒体爆发的红利期过去了；二是新进入者不一定有做内容的基因和资历，**做“电商+内容”和做“内容+电商”，哪个更有优势**？有的人为了卖货，把新产品藏着掖着大半年都不暴露，一直写着泛领域的内容，一头扎入内容红海，美其名曰培育土壤，结果最后能转化购买的用户几乎没有。如果对自己的产品有信心，不妨一开始就亮出来，产品就是促进传播的最好利器！

内容最好的状态，是能和产品融为一体，带给用户打动人心的体验。

附：内容运营工作常用工具

- H5：MAKA、易企秀、美篇
- 手账：Color多彩手账、Mori手账
- 海报：简拼、黄油相机、创客贴（电脑版）
- 活动发起与数据统计：麦客、孤鹿、活动行、微链
- 排版：秀米（电脑版）、135排版（电脑版）、壹伴（电脑版）、新媒体管家（电脑版）
- 动图：抠抠视频秀（电脑版）、美图秀秀
- 去水印：Teorex Inpaint（电脑版）

注意：以上常用工具除了标注“电脑版”的，均提供手机App。

05

第5章　活动运营，制造爆点

活动运营9字原则：能落地，少花钱，别流产

阿里的运营岗位我几乎都做过，其中做得最久的就是活动运营了。我是“双12”活动那天入职的，那天虽然没做什么事，但是跟着同事一起熬夜到零点，见证销售额破纪录时整栋楼的欢呼雀跃，感受着大家的紧张与兴奋，真有种血脉偾张的快感。后面迎接我的就是各种应接不暇的活动，成长很快，但也有些迷茫。

5.1　为什么电商平台酷爱做活动

刚开始还挺有新鲜感的，但是时间久了就逐渐感到活动太频繁，活动形式变化却不大，因此有些厌倦了。我在飞猪旅行做活动的频率是一周一次酒店类目的小活动，一月一次旅行事业部的整合活动（酒店、机票、度假、门票等类目一起做活动），三个月一次市场部牵头的大促活动（如暑促、国庆、新年、“双11”等），形式以降价、打折、送权益等为主，少数的是好玩有趣新奇的传播性品牌活动。

做活动运营工作的第一年，我特别不能理解一件事——为什么电商平台酷爱做活动？在当时看来大部分活动换汤不换药，商品还是那些商品，商家还是那些商家。一会儿参加这个活动，一会儿参加那个活动，无非主题不一样，打折的噱头不一样，但是这些活动真的能打动消费者的心吗？还有一个问题是，活动期间的峰值往往是压抑了预热期时的购买力和透支了活动后的购买力，人为形成的一个交易高峰，这个峰值前后的值往往都低于不做活动时店铺的平均销售额，每次活动还要耗费商家很多的精力。那么这些活动真的对商家有益吗？后来，我慢慢理解了活动对于平台方、商家、消费者的意义。

1. 对平台来说，做活动是对全团队的一次练兵，也是对团队士气的鼓舞与提升。阿里尤其坚信这一点。平时没有大流量灌入时，很多问题是暴露不出来的，这些问题包括系统稳定、产品体验、商家配合、运营效率等。尤其对于运营人员来说，在活动中处于高度紧张的状态，其对流程和细节的把握、危机事件的处理等，是非常考验和锻炼人的。新人一般跟着做几次活动，就会有很大的进步。当然，做活动对于平台来说，还有提升用户活跃度、增加销售额、提升品牌影响力等其他好处，但对于阿里这样的成熟平台来说，对团队的一次次练兵具有更深远的意义。正是一个个的流量峰值，一步步推高了整体运营水准和平台体量，奠定了电商领域当之无愧的老大地位。下图展示了举行活动时，办公室灯火通明的场景。

一到大活动，项目室的员工彻夜不眠

2. 对商家来说，做活动是获取新用户效率最高的方式。这里是说新用户而不是新客户，二者是有区别的。客户是那些下单购买的人，用户则包含下单购买、浏览、收藏以及加入购物车等对商品有兴趣的人。现在的商家没有以前那么“唯利是图”了，他们明白消费者是需要培养的。仅靠平时一点点的积累，还不如拿出些利益点，和其他商家的利益点一起被平台包装成一个更大的利益点，合力吸引潜在用户，这样还可能享受平台的流量贴补（免费流量）或红包贴补（平台发给消费者的红包或津贴在某店铺使用）。当次活动的利润或许不大，甚至可能出现少量亏损，但是从长期来看，与更多的潜在客户有了接触，他们未来会复购，或者有些顾客后期因为某条微淘内容或者其他活动而购买商品。阿里的算法会记住某类人喜欢的商品而进行多次机器自动推荐，这些积极影响远大于活动当天的实际成交额，因此不可小觑。

3. 对消费者来说，给自己一个买东西的理由是一种乐此不疲的情感需求。经过长久的线下实体商场的培养，用户已经有了条件反射：过节了要买东西，换季了要买东西，过生日了要买东西……总之，给自己一个买东西的理由已经是一种乐此不疲的情感需求。电商当仁不让地应该为这种需求提供更新鲜的理由、更酷炫的商品和更超值的价格，让消费者开开心心地“剁手”。

每次觉得不可能达到的活动目标，在拼尽全力后基本都能达到，而且下一次还会超越。团队和自己都在撕裂地成长，那种感觉美妙而神奇，非常有成就感。

5.2　活动运营的定义及能力要求

活动运营是指针对不同性质、不同目的的活动进行的运营工作，包含策划、准备、实施、复盘。相比于内容运营、用户运营的“润物细无声”，活动运营更具引爆性，可以短期提升某个指标。

不同性质，通常包括转化导向和传播导向。在阿里还有种通俗说法：这个活动是卖货的还是做调性的?

不同目的，包含提升交易额、提升新用户量、提升日活、提升UGC量、提升客单价、提升品牌好感度等。

5.2.1　每个活动都有第一优先级的目的

每个活动都有个第一优先级的目的。这个活动目的是服务于当期运营策略的。记得有一年天猫的大策略是要提升时尚度，看起来比较模糊的目标落实到天猫服饰则要通过一系列活动提升客单价。注意，这里没有提到品牌好感度、交易额、转化率等指标，而是落到客单价这个单一的指标上，因为这是和时尚最正相关的指标：如果消费者在天猫能买到并且愿意购买国际一线品牌服饰，客单价自然会上去，平台自然会显得更时尚。所以那段时间的活动都不是推大众熟知的淘品牌，而是精选的国际知名品牌、潮牌、尖货，不强行要求商家打折，而是通过明星效应、满赠限量礼品、时尚博主推荐等方式完成活动。这期间转化率相比推淘品牌要低一点，但这是可以理解的。制定KPI的英明之处在于，就是不要什么都想要，一段时间盯紧一个指标。这样运营人员就不会手足无措了。

5.2.2 活动运营的能力要求

活动运营通常是最容易让外界普通用户感知到的运营手段。因其形式丰富，整合资源广泛，声势浩大，可即时反馈，容易让人获得成就感，是年轻的运营新人更愿意去尝试和喜欢的岗位。

接下来通过热门互联网公司的活动运营招聘岗位描述看看市场对活动运营人员的能力要求。以下分别是小红书母婴类目的活动运营和摩拜单车的活动运营岗位描述，如下图所示。

岗位职责： 小红书—母婴类目活动运营

1、 负责母婴促销活动的创意策划，选品，并督促跟进活动页面设计，上线执行及后期效果反馈；

2、 承接配合公司相关活动落地执行，跨品类建立良好的沟通机制，促进并合理组织跨品类合作；

3、 对活动效果进行监督，对销量、转化率等数据进行统计及分析；

4、 根据数据分析情况，提出新的活动需求并推进，丰富活动的呈现形式。

岗位职责： 摩拜活动运营

1、负责产品运营线上线下玩法的策划和实施，根据数据分析评估活动效果，调整和优化活动方案 达到运营目的；

2、 快速结合热点趋势发现新的玩法和用户增长点。

岗位要求：

1、3年以上互联网活动运营相关工作经验，能独立设计运营玩法，有成功的运营案例；

2、 对数据敏感，能够通过运营效果和数据找出业务内在原因、趋势；

3、承担运营任务，有创新思维和强烈责任心，具备良好的沟通协作、项目推动、数据分析能力，抗压能力强。

两个活动运营的岗位要求

二者各有侧重，也有很多共同点。不同之处在于前者偏线上活动，后者则是结合线上、线下活动；前者主要对销量和转化率负责，后者主要对用户增长负责。结合其他公司的活动运营能力要求，可以提取关键词：创意、策划、整合资源、数据分析、沟通能力和抗压能力。淘宝、天猫及上面提到的小红书、摩拜单车属于自有流量较大的公司，活动靠现有用户和自媒体传播就能运作起来。但对于初创公司，做活动运营除了要有上述能力，还要求有引流能力，不花钱或少花钱的引流方式通常都是在社交媒体上完成的。

5.2.3　活动运营与市场部的关系

很多小型公司是没有市场部的，这种情况下大大小小的活动都归在运营部。稍微大一些的公司就会设置市场部，活动运营要做活动，市场部也要做活动，其中有什么联系和区别呢？

很巧的是，我自己就有飞猪活动运营转岗天猫市场部的经验。市场部很大，我在整合营销组和品牌营销组都做过活动。在日常工作中，活动运营就常常作为运营部的接口人和市场部一起参与活动策划。活动运营人员是和市场部关系最近、最容易转岗的一类人。他们的主要区别是什么？

- **活动级别不同，牵头的人不一样。**天猫是有活动分级制度的，由大到小分为S、A、B、C级，当时我所在的天猫市场部中的整合营销组只承接S级（“双11”、“618”、春夏新风尚、秋冬新风尚）和部分A级活动（年货节、国家周等）。其他常规活动就由各类目的活动运营人员牵头。通过活动评级得到市场部配给的流量资源。

- **擅长的活动类型不一样。**活动运营及市场部的整合营销组擅长在活动中把流量转化为购买力，特别看重数据，目标也很具体，活动阵地以线上居多；市场部的品牌营销部更看重传播和美誉度的活动和事件营销，活动阵地包括线上、线下，并且线下的活动有占比增加的趋势。市场部为长期的品牌价值负责，持续创造、传递和提升这些无形价值。阿里现在越来越追求品效合一，品牌在外发声引入流量时，一般都会配有站内活动承接转化，所以两个角色结合得非常紧密。

大部分人对于市场部做的事情感知更明显。这些案例更容易在社交媒体上引起传播，更容易在线下地标性建筑或热闹街区看到实实在在呈现出来的价值，比如饿了么和网易新闻的快闪店“丧茶”项目、淘宝的地铁艺术展。

我们也经常看到一些刷屏H5，比如腾讯的小朋友画廊（据说该H5花了3个月时间）。我们看到的很多酷炫的案例都是由市场部主导的，甚至花大价钱聘请外部创意团队或活动执行团队完成。如果在一家创业公司做活动运营，建议先脚踏实地从线上或者线下的转化型活动开始，那些刷屏的案例可以当作参考，但现实中其工作量巨大，不要轻易尝试。作为老板，也不要总是眼红“别人家”的东西，希望自家运营人员能复制出来。如果公司没有到一定规模，团队没有到一定层次，那么很难做出这种效果。

“丧茶”快闪店

5.3 阿里活动运营的一天

活动运营人员一般处于上个活动还没结束，下个活动又要开始规划的紧张状态，始终营造出网站商气满满，充满购物欲的氛围。以前淘宝的资源位上没有那么多智能化的商品推荐，banner大部分靠活动填充，所以活动的频率很高。活动运营人员的一天通常是这样度过的，如下表所示。

活动运营人员的一天

时间	主要工作	主要能力
9:30	打开A+（阿里的一个数据产品，可以看到页面流量情况），检查昨天已上线的活动页面流量情况，流量来自哪些渠道，活动页面上哪些商品点击量高，对点击量低的商品进行淘汰和替换	数据分析
10:00	跟商家沟通，有没有更给力的商品拿出来，看有没有秒杀、独家、限量等有噱头的商品可以刺激点击量	商家沟通
11:00	策划下期活动，写活动方案PPT	活动策划
14:00	拿着下期的活动策划案去参加市场部的评级会，各种辩论甚至“吵架”，拿到想要的流量，才能撬动商家拿出更好的商品	争取资源
15:00	画下期活动demo，申请设计师资源；有抽奖等功能性的板块需要和前端工程师沟通需求，如果此前没有模板需要新开发的则要跟产品经理申请开发资源	懂点设计和产品，甚至前端技术，方便跨部门沟通
16:00	制定招商规则，发布报名通道，传达给商家，重点商家则需要额外和BD（商务拓展）打招呼；规则需要同步给横向的规则部（廉政需要）和客服部（售后需要）	会盘货、预测爆款；制定规则；跨部门沟通
17:00	和其他兄弟部门如聚划算、淘抢购等，及市场部、产品经理等要资源，看有没有可以互换的资源	流量拓展；资源整合
18:00	园区晚餐、瑜伽、散步、图书室	调节压力，放松才能满血复活
24:00	如遇新活动上线，一般要守到0点，等到页面顺利上到各个资源位，点击进去没问题，商品优惠生效，才敢放心睡觉	危机处理；细心

接下来介绍举办活动的基本5要素。不管在任何公司，只要做活动运营就需要掌握这些内容。

5.4　活动节奏

没有人会以为举办活动只要在当天发布活动就行了，那就只能看天吃饭了。哪怕传统的线下活动，也会提前发布传单或短信之类的预告即将开始的活动。资深的运营人员是很有节奏感的，这是运营的艺术之一。和销售不一样，销售是马上能见效果的买卖，而活动运营就像布一个局，前面几招都见不到效果，最后水到渠成，受尽掌声和鲜花，外人却很难看到这个过程中的点滴细节。

活动节奏通常分为：造势期（非必需）、预热期、正式期、发酵期（非必需）、尾声/返场/复盘期。每个阶段都有文章可做，每一名活动运营人员都有自己肩负的重任，而不是走个流程。

造势期：通常在预热期开始前5到10天。这期间的工作重点是发布产品经理稿透露一些活动亮点，完整的预告要放在下一阶段，像是古文里的犹抱琵琶半遮面，就是要吊足用户胃口，还可以进行暖场活动，从而引起用户猜测和关注。没有那么大号召力的公司一般可以去掉或弱化这个阶段，毕竟网络世界信息量太大，用户的耐心可是有限的。

预热期：通常在正式期前3到5天。这期间的工作重点是活动亮点和利益点公布，在电商网站就表现为曝光活动商品、玩游戏、抽奖、领优惠券、收藏、加购物车等。其中收藏和加购物车的数据是我们最关注的，因为这是最有可能转化为正式期销量的。而对于其他类型活动，这阶段可能就是报名售票等形式，力求全方位的曝光。天猫“双11”的预热期达到10天。越是重大活动，越是会在预热期发力。

正式期：通常1~3天，这期间的工作重点是提高转化率。对于电商网站来说，把控好选品，使购物流程顺畅，便有利于使流量最大限度地转化为销售额。对于做品牌传播的线下活动来说，这期间主要让用户“路转粉”，要让现场体验的效果超出预期。注意，不是符合预期，而是超出预期，这样才能刺激到场的人在社交媒体上进行宣传。线下活动永远不是仅仅为了到场的那区区几十上百位来宾，而是希望通过这个活动蔓延到线上，形成二次传播。

发酵期：电商活动通常没有发酵期，但是做事件营销时就格外看重这个阶段。事件营销与一般活动相比，最大的区别就在于能否四两拨千斤，一点火就着，低成本引起大传播。正式期只是点了个火，这个火不蔓延的话影响力就太有限了，所以这期间会请很多意见领袖、评论媒体把正式期的值得传播的方面加以包装，从各个角度发挥。网络声音很有可能比现场活动还要声势浩大，此时目的就达到了。

尾声：活动万万不可止于正式期！就算没有发酵期，也应该有个尾声。尾声的意义不容忽视，对内是复盘总结，吸取经验（具体的复盘报告会在5.9节详细讲解）；对外是宣告活动圆满落幕，包装活动全程中的亮点、爆点，做一次漂亮的公关。天猫“双 11”的尾声做得是很棒的，不仅有足够多的亮点，站内还会利用剩余流量做返场促销，如下图所示。

“双 11”尾声期的传播页面

在阿里，除了S级、A类活动，其他常规活动一般只有预热期4天+正式期3天，一周搞定。正式期会尽量安排在网站流量最大的周三至周五。

5.5　噱头和利益点

噱头和利益是天生一对，总是联袂出演。这跟平常所说的活动主题差不多，但是分成噱头和利益点两个词主要想提醒大家，活动主题一定要“软硬兼施”。

噱头：就是“软”的那部分，给自己的活动找个吸引眼球的由头。例如节日（情人节）、纪念日（周年庆）、里程碑（注册用户达一百万名）、事件热点（世界杯）等。

利益点：就是“硬”的部分，表示用户能享受到的好处。例如折扣、返现、两人同行一人免单、增加用户权益等。在利益点的设置上，很多人存在误区。利益点应该要在不违法的范围内足够吸引人。在阿里，我们经常做的一件事就是把预算摆出来。例如有一百万元预算，召集相关人一起来头脑风暴，怎么花这一百万元，显得特别有水平，足够有吸引力。常常**面临的选择是人人都能享受的小利益点，还是极少人能享受的大利益点，**虽然有朋友表示前者会让人觉得有实实在在可以拿到的利益而后者概率太低不愿参与，但通过多次试验，发现在大部分情况下后者能吸引更多的人，“全场9折”就不如“0.1元秒杀”，“满100元减10元”就不如“消费最高者送iPhone 8 Plus”。在微博上经常有网红博主送奖品吸引粉丝转发，送法不同效果差异也很大。

A：转发微博，送名牌口红一支，100位幸运儿，品牌随机发。

B：转发微博，抽取一名幸运粉丝，承包你一辈子的口红，100支名牌口红统统送。

往往B的效果会好些。它有话题性，容易引起更多群众的围观。

“软硬兼施”这也是做banner的黄金法则，我们看到的网页上banner基本都是两者结合的，**噱头+利益点+爆款图是banner点击率的保障。**找找以下两个banner的噱头和利益点分别是什么（见下图）。

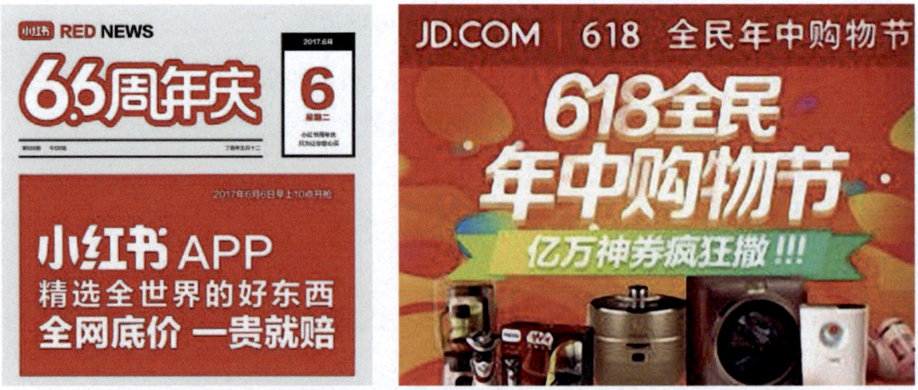

不同 banner 的噱头和利益点

思考一下：一个活动只有噱头没有利益点会出现什么样的情况？只有利益点没有噱头又会出现什么样的情况？

5.6　活动玩法

玩法是噱头和利益点之间的纽带，也是活动的放大器。好的玩法应该是新颖、好玩、操作简单。玩法其实显示出了“影响力六要素”之一，“稀缺”，对人的影响力。活动玩法就是不让用户白白得到利益点，而是做了一件好玩有趣的事之后才给这个利益点。

玩法举例：逛品牌街、捉猫猫、红包雨、裂变红包、集五福、征集故事、晒照片、× × 人扫码、集赞、知识竞答……其实很多是新瓶装旧酒，不是什么特别革新、首创的玩法，只是在以往的逻辑上变换了视觉效果和文案，用户反而容易上手。

最初几年的天猫“双 11”是没有“逛品牌街”来抽取优惠券这种玩法的，当时就是把优惠券放在页面上，随便领。现在，“逛品牌街”几乎成为“双 11”的标配了。其实当时提出这个玩法的魄天（天猫市场部负责人）有着极大的压力，一方面“双 11”需要新的增长点、亮点和玩法，另一方面担心此玩法会流失一部分用户。结果这种效果出奇的好。后面天猫又开发了很多小游戏供商家在自己店里调用。原理都是在用户参与互动活动后才发放优惠券和红包。这样不仅同一个人玩的次数更多了，还可能分享给身边的人一起玩，大大调动了预热期间的用户积极性。用户付出劳动成果后领到的券也更容易在正式期得到使用。

5.7　BD 合作方

BD（Business Development，商务拓展）本身是一个和运营并列的岗位，但由于活动运营需要整合多方资源，所以这里把“BD 合作方”也作为活动运营的重要技能之一。

有了前面几项要素，活动就基本成型了，但是有的时候还是感到缺少资源。或许是缺少吸引人的奖品，或许是缺少一个好的创意，或许是缺少一个完美的场地，或许是缺少一些让活动更丰满的内容，而最常见的是缺乏触达目标群体的能力。要知道，BD 的东西不是越多越好，太多也可能导致活动主线不清晰，分散精力，**所以要用自己最强的去换取别人最强的，强强联合。**

创业公司主要是用创意和内容去换取对方的用户。例如我在离开阿里后加入的第一家创业公司“东家”App，是匠人手工艺作品的电商平台。该公司在经历天使轮之后，缺的不是钱，而是快速获取精准用户。我们的用户，通俗来说是那些有钱、有闲、有品位、有阅历并且对生活品质有要求的人，这部分人在整个网民群体里占比是很小并且分散的，所以铺广告是行不通的。我们发现这部分人在网上可能很难挑出来，但在线下会形成一定的群体，比如茶馆、茶博会、文创会、设计周、高端楼盘、高端商场、银行VIP客户、MBA等。所以初期我们做了大量的线下活动，并且大部分是不花钱的。我们扮演“匠人经纪人”的角色，把匠人作品、匠人故事、匠人的现场展示等包装成很好的活动提案去和对方谈合作（见下图）。我们为什么知道对方需要这些呢？这是因为我们洞察到在2015年和2016年，“匠心”这个词被人们提了很多次，很多高端场所/高端社群也想用这样调性的活动去服务用户，但自己去挖掘匠人实在太麻烦了，不如找像我们这样的“匠人经纪人”。这样，双方的分工就很明确，我们负责匠人邀约和活动策划，对方负责场地布置和邀约他们的用户，这些人在现场了解我们后，也会有很大比例转化为用户，这比线上的转化率高很多。一个个活动高效又低成本地做下来，再配合线上宣传，三个月的时间便拥有了十万名高质量用户群。

带匠人上人民网直播

BD的核心技巧是什么？那就是“双赢”。去谈合作之前提前了解对方的KPI是什么，提案是否对双方KPI都有帮助；提前预设对方会问到的问题，在团队里角色扮演，模拟场景练习；列出自己的资源清单，虽然不多但有诚意。

5.8 活动中的杠杆效应：关键人营销

活动执行阶段需要强调“关键人营销”。**活动的各个阶段都需要关键人去放**

大效果，这也是运营四个思维中的“杠杆化思维”最深刻的体现场景之一。说到关键人，很多人很容易联想到KOL（Key Opinion Leader，关键意见领袖），这里用关键人代替KOL，是为了试图扩大这个人群的范围。KOL大多是指已经比较火了、已经在商业变现的、需要花钱请的那些人。而关键人会更广泛，包括那些处于上升期的、有潜力的、正在形成的KOL，还包括忠实用户、明星员工。对于没钱又没资源的公司来讲做活动时如何不花钱就打动关键人显得尤为重要。

关键人有什么作用？主要有三点。第一，邀请关键人试用产品或探店，产出体验报告；第二，邀请关键人参与品牌的线下活动，和媒体、普通用户互动，分享经验；第三，邀请关键人和品牌一起发放福利，扩大影响面，比如用户在购买时输入关键人的专属优惠码可以享受折扣/福利。

关键人为什么愿意免费来做这件事呢？任何合作都是双赢的。品牌方有什么可以给这些形成期的KOL呢？通过访谈几位旅游行业的小咖，我得到一些答案。他们是愿意在空档期通过资源置换免费参与一些品牌活动的。首先，他们有意愿成为商业化的KOL，就需要内容的积累，而积累内容也是要花钱的。如果没有人邀请他们则需要自己花钱体验产品，如果这时候恰好有品牌方赞助产品，自然可以省下开销。其次，他们需要和调性一致的品牌在一起，互相借力，增加曝光量，通过线下活动也可以认识一些圈内人，扩大人脉，俗称混圈子。最后，当他们有一些粉丝之后，为了维护粉丝的黏性，需要给粉丝一些利益刺激，如果把品牌方给的优惠借花献佛分享给自己的粉丝，是有利于增强粉丝黏度的。和关键人合作的要点是走心，找到需求契合点。

关键人营销四步法

之前听到前猎豹市场总监赵莎莎的分享，其中专门讲了他们在没钱、没资源的情况下，如何通过“关键人营销”推广自制剧《喵星人抢不到》并获得良好的传播效果。她的分享令人印象深刻，在此作为案例分享给大家。

当时，设置了KPI：一个人一个工作日邀请2个关键人分享活动链接，这样一个月就有将近50个关键人进行了分享。就算团队只有两个人，100个关键人也足够形成第一波的影响力。如何寻找关键人呢？第一，大家最容易想到也最容易谈成功的微信通讯录。这时，有500名好友微信号和有5000名好友微信号的差异就体现出来了。第二，微博。微博的标签和相关推荐特别好用，当时他们要找的人都有“猫奴”的标签，看“猫奴”都关注了哪些人就能知道谁是关键人，通过相关达人推荐，又能关注新的三个人。接下来给每位关键人轮流发私信。因为他们的自制剧也是很好的内容，不是硬广告，所以很多大V、小V愿意免费转发。最后她总结关键人营销分为四步（见下图）：第一步，找到关键人；第二步，直接接触，促进体验；第三步，激发分享；第四步，事件放大。

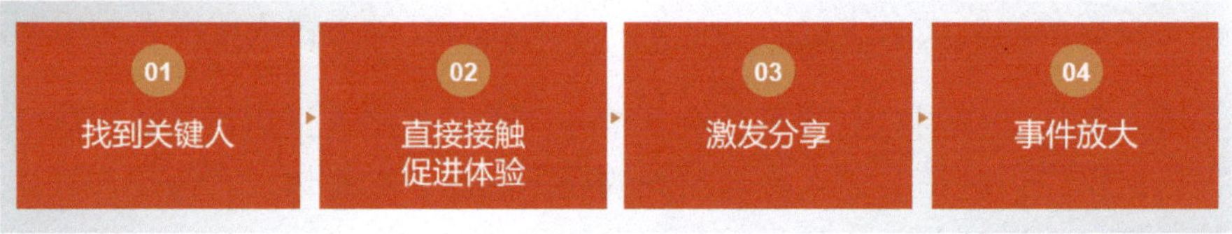

关键人营销 4 个步骤

本书第6章还会介绍关键人的挖掘和维护。既然关键人那么重要，就不可能也不应该是我们需要时想用就能用的棋子，临时抱佛脚不可靠，应该在日常工作中就注意维护关键人，将其视为金字塔尖的那一小撮用户来对待。

5.9 活动复盘报告怎么写

何谓复盘？就是将已经结束的项目重新演绎一次，从而获取对这件事更深的理解。复盘报告的结构通常可以分为活动背景、活动目标、过程回顾、活动数据、经验总结、后续计划6个部分。

阿里人特别重视复盘，甚至可以把复盘做成个人品牌的曝光。我觉得这不是“邀功精”，而是公司真正需要的，团队内外、老板们需要看到运营人员为活动付出了什么，有哪些亮点，数据结果是什么，影响力如何，有什么独特的价值。自己不去挖掘是没有人帮着展示的。一般情况下复盘报告应特别重视活动数据，下面进行详细讲解。

5.9.1 复盘报告包含的内容

在阿里，复盘报告是没有固定模板的，每个人都有自己的结构，但是结构化的数据报告是可以沉淀下来，方便下次取用，或者横向对比。我有张Excel表就是专门用于历次活动的关键指标对比，当有几十次活动的数据后，慢慢就能看出一些规律了。例如浏览转化率（IPVUV/UV，从活动页面到宝贝详情页的独立访客比率，反映活动页面的吸引力）、购买转化率（购买UV/IPVUV，从宝贝详情页到成交的独立访客比率，反映商品的吸引力)。卖货型电商活动在复盘时通常会包含如下数据。

- 画出活动期间的流量曲线，标出造势期、预热期、正式期、尾声。看看流量是否符合预期的节奏。
- 与玩法相关的数据。多少人参与，多少人中奖，多少人分享，发放多少优惠券/红包，正式期使用人数的比例，以及使用了优惠券/红包的订单总金额是多少?
- 正式期的流量、浏览转化率、购买转化率、客单价、GMV，与平时（通常取上月日均）相比增加了多少，哪个渠道来的流量又多又精准。
- 抓典型树标杆。商品层面，卖得最好的，增长最快的分别是什么；商家同理，GMV排名靠前的，及进步最大的商家是哪些。
- 优秀banner展示。每个活动都会投放几套banner在资源位上，并且能看到每个banner的点击情况。复盘时会展示点击量高的banner创意，试图找出它们的共同点。
- 与传播相关的数据。关键人分别带来了多少曝光量和转发量，下次可以继续和哪些关键人合作。

5.9.2　案例研究："超级品牌日"活动数据展示

好的复盘报告不仅是自己很好的亮相机会，也是下次做活动再拓展商家时的筹码，一些难搞的商家通常都会看之前的活动案例。天猫的"超级品牌日"大型活动就将一些有代表性的成果数据做成了H5，作为后续招商的一个强有力的品牌背书，吸引大商家报名，如下图所示。

这里值得学习的是**数据由面到点的展示逻辑和取巧的数据展示角度。**同样的结果，看数据的角度不一样，给人的感觉是不一样的。这里的6个品牌案例用了不同的数据展示角度。扬长避短，抓住案例里最突出的那个点，效果就会非常明显!

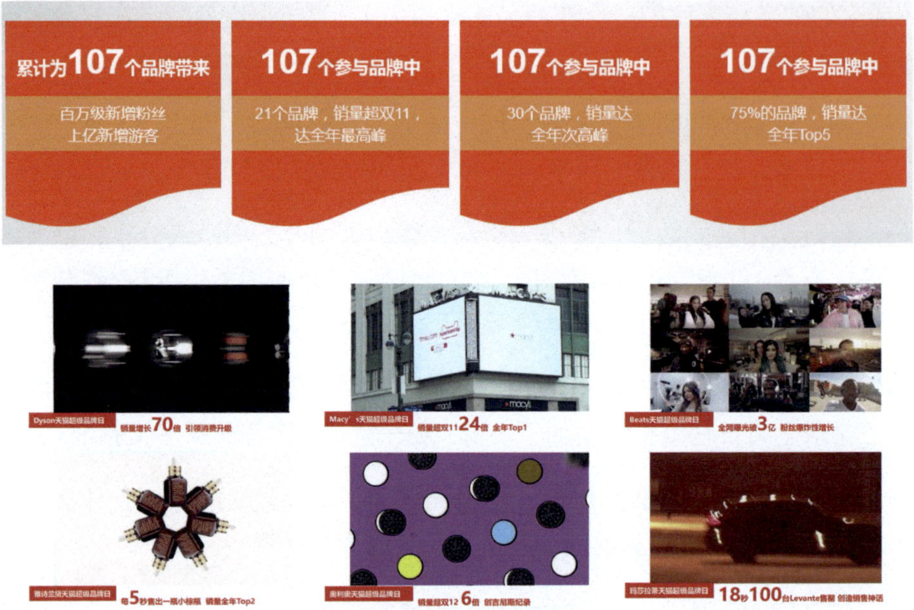

超级品牌日数据成果展示

5.10 进阶：跟阿里学做活动运营

阿里的活动经过长期高频的打磨和演进，走在了大部分公司前面。我提炼出三点，作为活动运营进阶的方向，如右图所示。

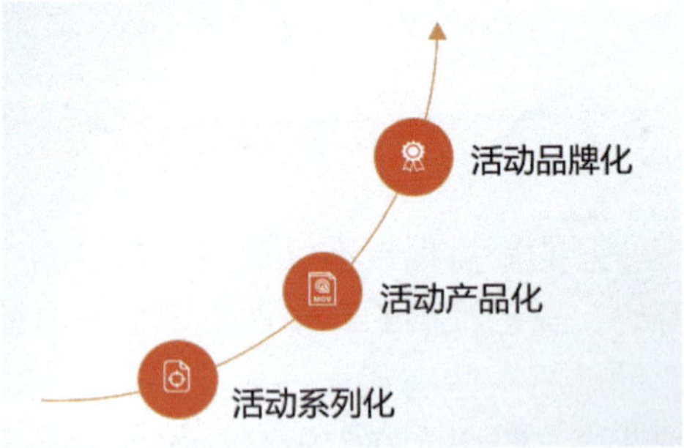

活动进阶的三个方向

5.10.1 活动系列化

代表作：全球至尚国家周、神奇的聚划算、万能的淘宝。

活动系列化的意思是策划活动时，想想自己的活动有可能做成一个系列吗？有可能延续下去吗？相比起一个个零散的活动，系列化的活动可以得到更多的资源支持，声势也会更大，更容易被用户记住。

5.10.2 活动产品化

代表作：聚划算、天猫国际国家馆、中国质造。

聚划算是一个活动，还是一个产品？对商家来说，他们大部分会觉得聚划算是一个流量很大的活动；但对阿里内部人来说，聚划算已经是一个成熟的产品了。早期，它是由运营人员一个个招商、筛选商品、填充上页面的，是系列化的一期期活动页面，如今它基本上已经可以脱离人工操作，由机器完成一系列的工作。活动系列化通常是活动产品化的前身，运营先通过活动这种开发成本比较小的尝试来试验，如果效果好就有可能做成产品。像我之前负责的全球至尚国家周系列活动就在多次尝试后，沉淀为一个频道了，如下图所示。

天猫国家地区馆

5.10.3 活动品牌化

代表作："双11"、超级品牌日。

每个公司都希望能造出属于自己的节日，"双11"已经被天猫捷足先登了，淘宝抢占了"双12"，京东抢占了"618"年中大促，苏宁抢占了"818"购物节。如何打造一个属于自己的王牌活动，是每个初具规模的公司应该设想的问题。

5.10.4 解析2017年天猫"双11"

2017年天猫"双11"被誉为史上最复杂的"双11"，因为"双11"的规模实在巨大，我们看到的整个图景其实来自N个部门的协作，已经超出运营和市场部的范畴了。在此我会把它的主脉络盘点出来，并会包含前面讲的几个活动要素。盘点的目的在于看清它的脉络，而不是复刻一个“双11”。毕竟当前没有第二家公司可以复刻这么大规模的电商活动。

- **节奏：**造势/预售期（10.20—10.31）、预热期（11.1—11.10）、正式期（11.11）、尾声期（11.12—11.15）
- **噱头：**天猫双11全球狂欢节
- **利益点：**1.7亿元红包、100亿元购物津贴及优惠券
- **玩法：**火炬红包、品牌墙、积分抽、定金膨胀

第一，噱头。从几年前的“天猫双11购物狂欢节”到现在的“天猫双11全球狂欢节”，强调“全球”而去掉了“购物”，把活动提到了新的高度。

第二，利益点。往年主打“不只是5折”，2017年淡化了折扣因素。购物津贴是今年的新玩法，上不封顶且支持跨店支付使用，并且可以和店铺的优惠券叠加。其实所有电商网站利益点无非就那几样，店铺折扣和店铺优惠券（在指定店铺中生效）、跨店满减优惠券（在购物车合并付款时生效）、红包（在支付环节生效）。之所以人们觉得“双11”特别复杂，层次丰富，是因为它的“玩法”多样，这也是“双11”最值得外界学习和关注的东西。“双11”玩法包括火炬红包、狂欢桌面、定金膨胀、捉猫猫等。通过各种玩法把利益点分发出去。

第三，玩法。定金膨胀是2016年就有的玩法，2017年依然是一个重磅武器，它解决了预售期用户下单动力不足的问题。“玩法”最大的传播途径是在社交媒体上，而不是站内，并且希望借由“玩法”的分享从站外带流量回站内。但微信一直以来屏蔽了淘宝、天猫的链接，导致传播受阻。我随机采访过身边的朋友，超过一半的人没有在朋友圈看到“双11”相关的领取红包的分享信息，唯一突出重围、被提及较多的就是“火炬红包”的玩法。主要是通过淘口令在朋友圈传播。玩法中植入了很强的社交元素，帮他人点燃火炬后自己也获得了火炬红包资格，然后再请其他人为自己点燃火炬，这样才能在“双11”那天参与瓜分2.5亿元活动，这跟往年的裂变红包逻辑差不多，起到了一定的病毒扩散效果，如下图所示。

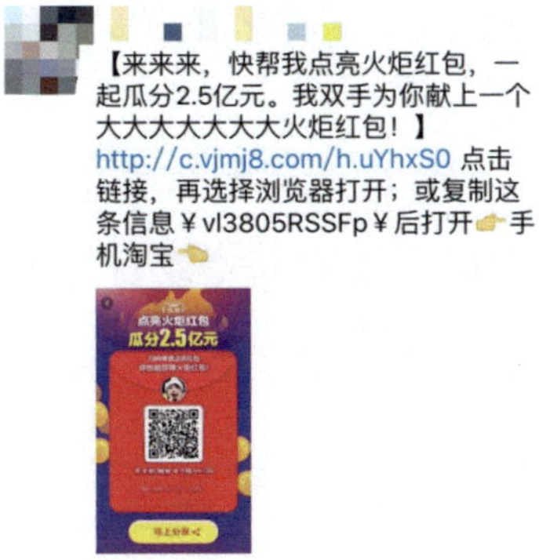

在朋友圈扩散的火炬红包消息

其他玩法的等级略低于火炬红包，主要是在站内玩。那么多的玩法在一些人眼里觉得没有必要。我认为这主要是造势和预热期过长，用户对于任何一种玩法都容易疲惫，所以多准备了些弹药。比如下面两张图中的“逛品牌狂欢桌面赢红包”和“捉猫猫得红包”，和往年的逛品牌狂欢城相比，其实逻辑是一样的，只是前端呈现效果不一样，都是刺激用户在预热期多进入商家店铺看看有什么活动，然后以店铺优惠券或购物津贴作为回报。

逛品牌狂欢桌面赢红包

捉猫猫得红包

此外，让“双11”威力不凡的还有品牌层面围绕口号“双11快乐”的诸多举措。

- **3场盛典。**分别出现在不同时期，天猫“双11”全球潮流盛典（造势期）、官方爆款清单（预热期）、2017年“双11”狂欢夜（开启正式期），将气氛掀起到高潮（见下面三张图）。

天猫“双 11”全球潮流盛典

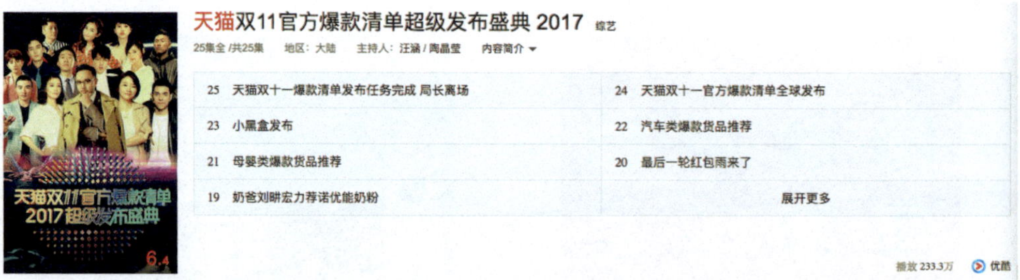

天猫“双 11”爆款清单超级发布盛典

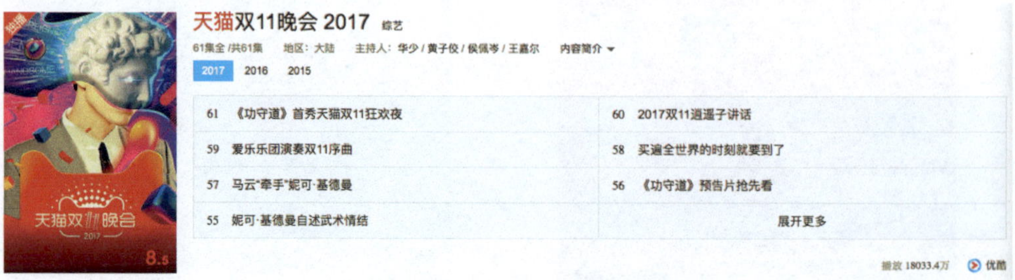

天猫“双 11”晚会

- **2 支 TVC（商业电视广告）。**分别是走暖心路线的"'双 11'快乐"和'双 11'快乐，_____也快乐"，如下图所示。

扫码看两支 TVC

- **新媒体传播。**天猫"双 11"广告、热门话题占据微博各主要位置；明星、KOL 的宣传攻势一波接一波。这里要特别提一下，阿里新媒体营销的主阵地在微博，这是微信公众号不能比拟的。如果要找天猫的营销玩法，可以主要关注微博的动向。微博上，天猫会和很多大牌明星互动，还联合明星发放明星密令红包。有人以为天猫调用这些明星要花很多钱，其实大部分是不花钱的，都是 BD 的商家资源。这也是"双 11"的一大亮点，拉拢一些大牌商家联合营销，资源互换，如下图所示。

微博上明星参与互动

- **户外广告传播。**在地铁、公交、商场、中国乃至世界地标建筑投放广告，如下面几张图所示。

上海外滩广告牌

纽约时代广场广告牌

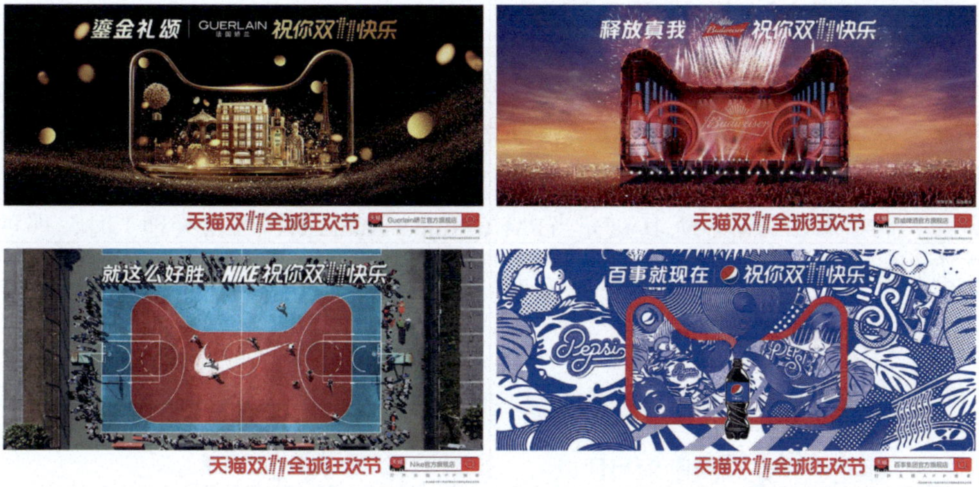

地铁站广告牌

此外，这次活动中#88超级会员#也是一条重要的线，让淘气值达1000分以上的超级会员享受到了很多专属特权。这是历届“双11”里超级会员身份认同最强的一年。

网友反映这届“双11”十分考验智商，堪称史上最烧脑“双11”。为什么要搞这么复杂？我认为主要有两点因素。

1. 以前天猫“双11”叫作“购物狂欢节”，现在叫作“全球狂欢节”，直接从概念上和同类电商网站拉开差距：“双11”已经不做购物了，做节日，购物是自然而然的事。节日的标配肯定就是丰富多彩、令人眼花缭乱的活动。虽然对外是说“双11”没有KPI压力，但对内分解到各个类目肯定还是有数字目标的。而且部门之间或多或少也有竞争关系，各个部门肯定是把自己最好的、最新鲜的、最绞尽脑汁的方案拿出来，所以出现了百花齐放、争奇斗艳的场景。

2. 很多微信公众号在“双11”次日发布的评论文章里提到的对消费者心理的极致利用。例如锚定效应、从众心理、消费者剩余、价格歧视、斯德哥尔摩综合征……我相信以阿里的格局，不是为了榨取消费者价值而故意这样设置的这些规则，而是因为有了第一点说的出发点，自然而然造成了这样的效果。

5.11 写给新人看的项目管理

项目管理其实是一种无处不在、涉及面非常广的学问，我们每天的工作、每个任务都可以当成一个项目。因为活动牵涉的人员多，通常时间紧、任务重，项目管理的精髓在活动中最能体现。而在经过很多活动后，会发现活动最难的不是创意，而是项目管理。尤其在充当PM（Project Manager，项目经理）时，那种压力和挑战是难以想象的。

1. PM的责与权

- 计划、组织、领导和控管项目
- 建立、凝聚和激励项目团队
- 赋有管理项目的责任和权力
- 确定在整个项目中所使用的项目管理程序

从当PM的那一刻起就要知道，项目成功，PM获得最大的功劳；项目失败，PM肩负最大的责任。风险和收益并存，PM没有庇护伞，没法在缝隙里过日子，必须站出来当团队的主心骨。当然实在扛不住时，也需要把老板搬出来，坦陈困难，寻求支持，不要打肿脸充胖子。如果苦苦支撑，可能老板也会错过最佳介入时机，无力回天。

2. PM沟通机制

- 务必沟通确认的3个关键时间节点：定义阶段、计划阶段、执行阶段。不做未经确认的事，确认了就火力全开。
- 沟通形式：哪些需要会议沟通、哪些需要邮件确认、哪些可以电话沟通、哪些可以口头确认，回复的最晚期限是什么时候。
- 沟通对象：哪些内容要让老板、兄弟部门、客户等人知晓；哪些内容要让项目组全体成员知晓。

3. PM沟通误区

- 不要假设对方的想法和我们的一样，不要假设对方知道。

- 不要觉得自己人微言轻而不敢说话。
- 不要用一种沟通方式与不同风格的人沟通。
- 不要被动地等对方主动说话。
- 不要轻易以为对方会认为你重复啰唆，双重确认总比遗漏好。

4. PM必备工具——甘特图

甘特图在项目管理中用得特别广，特别是在涉及复杂问题的执行阶段，比如跨部门，很多子任务又是同步进行的复杂场景。甘特图可以在一张图上看到大项、子项、负责人、时间轴等信息，清晰明了，如下图所示。PM需要让各个子项的负责人知道他们的起止时间、上下衔接的人员，并且督促负责人在最后期限前完成任务，推动项目往前进行。

阶段	事项	完成情况	责任人	10/11	10/12	10/13	10/14	10/15	10/16	10/17	10/18	10/19	10/20
准备期 9.21-10.20	目标确认、预算确认	done	A										
	商品计划		B										
	流量规划		B										
	广告投放规划及测试		C										
	天猫店产品更新		D										
	报名双11	done	E										
	社群搭建		E										
	微博、微淘产出内容及KOL联系		E										
	蚂蜂窝攻略、游记等规则了解及尝试												
前期预热 10.21-10.31	双11承接页预热页面	done											
	刺激加收藏												
	刺激关注微淘/微淘活动												
	尝试粉丝通推单条微博引流到天猫店												
	尝试KOL转发或直发引流到天猫店												
	筛选精准公众号形成矩阵												
	客服方案												
重点预热 11.1-11.10	微淘活动												
	微博活动												
	服务号活动												
	社群活动												
	线下活动及物料												
	公众号KOL推广												

某商家备战“双 11”的局部甘特图

5. PM项目总结报告

主体部分与前面讲的复盘报告类似，但是增加了对项目成员的表现的评价。

（1）确定是否达到项目所定下的目标。

（2）对参与项目的个人及小组的表现做出评价。

（3）结集成一个正式的项目总结报告，包括：

① 完整的项目计划

② 取得的成果

③ 主要的教训

④ 亮点、建议等

活动运营新人需要注意的是：对于那些光鲜的活动，背后一定是血泪史，谁都不容易；过程中要追求完美主义，但对于结果不要过分苛求，大型活动从策划到最后的呈现，能达成预计的七八成已经很不错了。一手策划网易云音乐乐评列车的吴俊鹏说他做活动策划的9字原则就是：能落地，少花钱，别流产，没有其他什么大道理。平时用小活动练手，熟悉流程之后，要刻意去参与大活动，在其中突破自我，撕裂成长，也是晋升、跳槽之必备的过程。

06

第6章　用户运营，低成本获客的利器

润物细无声，转化于无形，低成本获客还看用户运营

用户运营是我很看好的一类运营工作，现在这个岗位的缺口很大，怎么能让新人直观地了解并上手？本章基于我的用户运营实操经验，接地气地来解析这个最近大热、新兴但不标准化的运营种类。

在7年运营生涯中，我有过的用户运营的经验大概来自三部分。一是在携程时，做过老客户群分化项目，在现在看来就是对存量用户进行分层，提升他们的LTV（Lifetime Value，生命周期价值）；二是在淘宝时，做过卖家运营，那一年专注腰部卖家的成长，卖家也是阿里的用户，所以也算是用户运营范畴；三是在创业公司做过一段时间用户运营，主要就是获取种子用户、社群运营、挖掘及维护关键人等比较具体的工作。

6.1　认识大热的用户运营

从百度指数来看，用户运营竟是从2017年上半年才开始流行的一个词，晚于新媒体运营和社群，如下图所示。

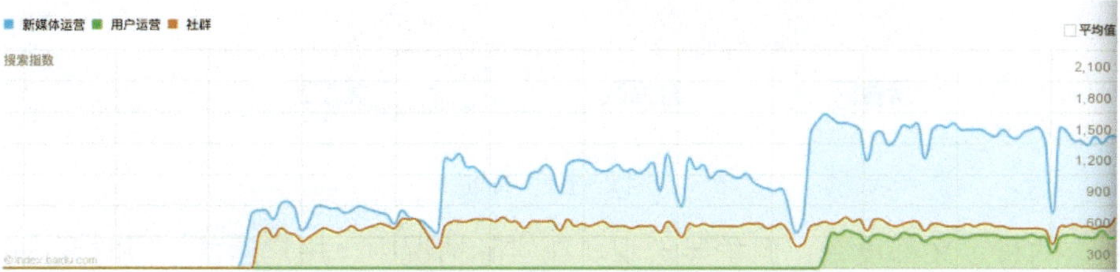

百度指数里的“用户运营”搜索指数曲线

从需求图谱（见下图）来看，用户运营和其他各类运营相关程度都很高。说明这是一个很新、边界不清晰的岗位。

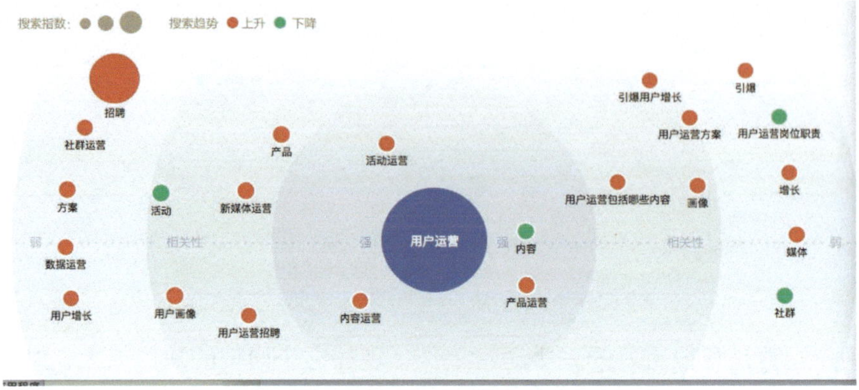

百度指数里“用户运营”需求图谱

目前对用户运营的定义主要有两种，一是围绕用户的开源（拉新）、节流（减少流失）、维持（提高用户活跃和留存）以及转化付费所做的工作。很多人跟我有一样的疑惑，这不是所有运营乃至全公司都要做的事情吗，怎么将其归在用户运营范畴呢？另一种理解是运营用户生命周期，尽一切可能延长用户的生命周期，并且在用户生命周期中尽一切可能产生商业价值，如下图所示。

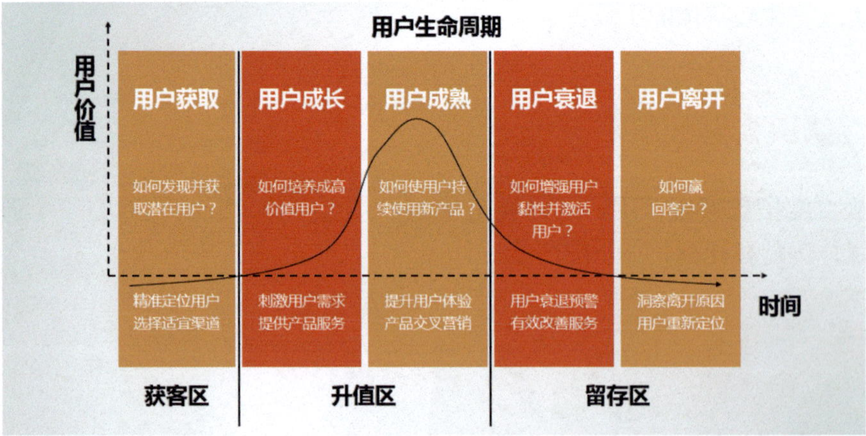

用户生命周期

这两种定义都没错，但稍显宏观。在实际情况中，用户运营一段时间内的运营重点一般是某一类用户，最常见的是新用户、即将流失的用户或金字塔尖的优质用户。对于一个2017年初才兴起的岗位，大量新人进入，其实会让很多人摸不着头脑。这里给出一个更具体的定义：**将用户分层，对特定用户进行运营，提高他们的规模或者价值贡献。**例如我在携程针对机票、酒店、度假老客户的二次营销；在淘宝做的针对腰部卖家的赋能及提高其销售额的工作；在创业公司做的“关键人”用户的挖掘及维护工作。

这个岗位有时代赋予它的特殊性。

第一，它是一个增长部门，要直接产量而不是服务支持部门。虽然跟客户服务、售后、CRM、会员体系等都有一些关系，但它的职能渐渐往前移了。小公司的用户运营进入门槛并不高，所做的工作多靠人力，常常看到一名用户运营人员要拿几部手机，维护*N*个群，和上百个人聊天；

第二，它手上最大的武器就是用户。虽然和内容运营、活动运营关系都很紧密，甚至有时会服务于同个目标，但是对于用户运营，完成目标的手段是用户而不是其他资源。例如一家电商公司要完成某个销售指标，用户运营可以定向给潜在的新用户发新用户专享优惠券，可以给老客户一个特权——邀请新用户消费，各得 × 元优惠券。

第三，它是精细化运营的代表。对不同用户施以针对性、个性化的运营策略，以达到最优效果。前期看起来比较慢而且很费人力，但是能即时反馈、得出效果。公司成熟一点后，有了用户数据库、用户标签，就可以分类针对不同用户群启动对应的运营措施。比如满足*X*条件的用户启用规则1，满足*Y*条件的用户启用规则2。这个规则可能是优惠规则，可能是权益规则，也可能是商品/内容展现规则。然后监测规则实行一段时间后，这些人群的关键指标是否有变化，变化多少，和没有用规则的、自然增长的用户群相比效果如何。它与精准营销密切相关，值得投入精力。未来，用户运营会爆发出强大的力量。

注意，用户运营是目前最不标准化的一个运营岗位，每个公司的叫法可能不一样，根据服务对象不同，会有：卖家运营、买家运营、主播运营、粉丝运营、司机运营、学员运营、讲师运营、社群运营等。其实底层用的逻辑都是用户运营的逻辑。

6.2 用户运营不可不知的相关名词

种子用户：能“发芽”的用户。产品的重度使用者，乐于反馈和分享，追求精神成就感。例如为大家所津津乐道的豆瓣、知乎、新浪微博的种子用户挖掘工作，其为产品初期的发展奠定了坚实的基础。

有效用户：那一批真正使用产品的目标用户。他会为你买单，但他不会为商品做狂热的宣传，属于比较静默的用户。

KOL：关键意见领袖，指拥有更多、更准确的产品信息，且为相关群体所接受或信任，并对该群体的购买行为有较大影响力的人。严格来说，符合这三个条件的才是真正的KOL。符合这三个条件的KOL开价通常都不便宜，特别是第三点，俗称带货能力强。品牌方也越来越看重这一点。

关键人：关键人是指能影响别人采取行动的人，而非仅仅吸引眼球。它和KOL类似，但面更广，门槛更低。例如虽然我的粉丝量不算大，但在专业方面有持续的输出。因此对于馒头商学院、三节课、运营研究社这样的公司，我就算是一个关键人。通常我们希望对这个群体进行日常的维护，来激发他们自发的、免费的传播。每家公司的关键人是不一样的，需要运营人员平时和用户打交道时留意，慢慢形成对于关键人的判断及关键人数据库，并且摸索如何使关键人发挥作用。

头部用户/腰部用户/尾部用户：对网站/App价值贡献高、中、低的三类用户，具体的高、中、低的界限要根据公司自身情况定义，没有通用的标准。用户画像画出来通常是一个金字塔形。

RFM模型：一种客户关系模型，R（Recency）表示距离客户最近一次购买的时间有多久，F（Frequency）表示客户在一定时间内购买的次数，M（Monetary）表示客户在一定时间内购买的金额。三个指标的组合可以作为用户分层的依据，从而制定相应的营销策略。

DAU：Daily Active User，日活跃用户，是判断一家公司估值的重要指标，比下载量、注册用户数都重要。

LTV：Lifetime Value，生命周期总价值，意为客户终生价值，是公司从用户所有的互动中所得到的全部经济收益的总和。通常被应用于市场营销领域，用于衡量企业客户对企业所产生的价值，被定为企业是否能够取得高利润的重要参考指标。

ARPU：Average Revenue Per User，每用户平均收入，用于衡量电信运营商和互联网公司业务收入的指标。ARPU注重的是一段时间内运营商从每个用户所得到的收入。

6.3　用户运营的职能及能力要求

运营本身是一个不分专业的岗位，用户运营就更没有专业限制。我鼓励应届毕业生去做用户运营工作。

6.3.1　为什么用户运营是有前景的

用户运营可以更有效地获取和转化新用户。传统公司看重成交的部分，他们通常只运营完成成交的用户，即“客户”，而互联网上可以记录用户的行为路径，互联网公司看重用户和自己的每个触点。例如淘宝卖家可以通过数据后台了解哪些人浏览店铺、收藏店铺或是将商品加入购物车。该用户虽然没有购买，但表现出了对商品的感兴趣，忽略这部分用户是很可惜的，因为可能只需要稍加维护，就可以将其转化为购买用户。淘宝就提供了工具可以给不同的客群展示不同的首页，可以给不同的客群发不同的促销信息，如下图所示。

淘宝卖家后台功能

用户运营可以最大程度发挥老客户的价值。如今流量红利已然消失，获取新用户越来越难，很多公司开始重视运营老用户，刺激老用户的复购、传播，防止流失用户。我曾是“衣二三（共享租衣App）”的忠实用户，在怀孕中期时恰好会员要到期了。我没有主动续费，而是猜想“衣二三”或许会有什么新的举动。我静静期待着、观察着，果然看到了他们很明显的用户防流失工作。于是给大家搜集到了以下内容，我觉得做得很不错！它综合运用了推送、站内信、短信、电话等方式，其中4条短信还是不同的文案，字斟句酌，如下图所示。当然这里面还有触发机制，就是当什么时间点，用户呈现出什么行为时，触发某种推送规则。这个逻辑就很精细化了，并且需要不断调适。感兴趣的读者可以在遇到同类情景时稍加留意。

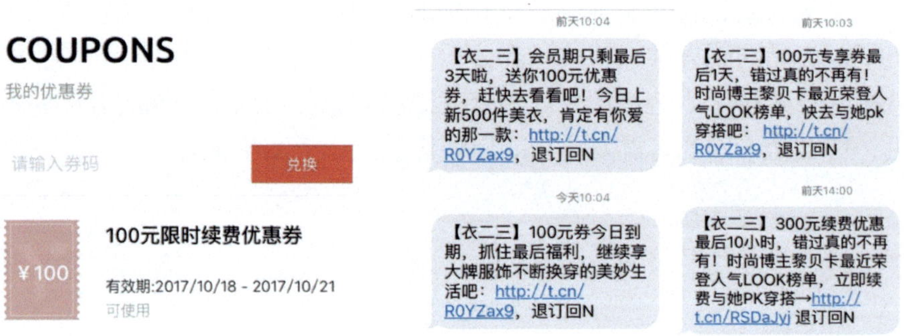

“衣二三”的挽回即将流失用户的手段

用户运营人员的职能及要求

不同公司对用户运营的职能界定及能力要求的差异还是很大的。如果公司有很强的互联网基因，有黑客增长的理念，那么对用户运营的需求是小而精的，就是说数量不需要很多，但要求用户运营人员具备很高的职业素养，其薪资水平也较高。如果运营的用户数量比较少，还不值得或者不适合进行产品化工作，就需要一个个挖掘一个个聊。为了方便理解，这里将用户运营人员大致分为“月薪一万元以上的用户运营”和“月薪几千元的用户运营”。

6.3.2 “月薪一万元以上的用户运营”怎么做

这类用户运营和我在携程做的工作类似，关键词是“路径”“数据”“A/B测试”（又叫AB Test）和“产品”，如下图所示的岗位。

用户运营(新客转化) [北京]　　2017-12-06 发布

15k-20k　经验3-5年 / 本科 / 全职

用户运营（老客留存） [北京]　　2017-12-06 发布

15k-20k　经验3-5年 / 本科 / 全职

职位描述：

岗位职责：

1、结合产品和业务，进行用户路径、行为及相关数据分析，实现用户的转化、留存

2、从产品端改善用户体验，优化用户路径，并持续优化转化率

3、分析用户反馈问题，提供解决方案，推动问题解决

4、通过ab测试/实验测试，确定产品优化方案及效果

5、例行短信、push文案写作

“衣二三”的用户运营招聘

这类用户运营的主要工作有3步：第1步，分层策略；第2步，触达干预；第3步，数据监测。具体如下图所示。

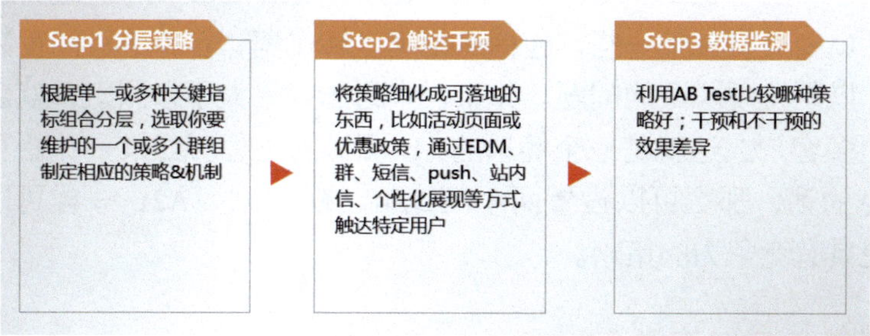

“月薪一万元以上的用户运营”常见工作步骤

这里用携程的项目经历给大家举例，当时不叫用户运营，是销售部和BI（商业智能部）联合发起的针对老客户的项目，其目的是提升存量用户的价值贡献。其实携程的用户运营意识是很超前的，只是一贯保持低调。

Step 1：分层策略。我们随机提取了两份一定量的老客户样本，一份叫测试组（也可以理解为A组），一份叫参照组（也可以理解为B组）。再把测试组的人根据机票、酒店、度假消费的频次和金额，分成了几个小组，例如有机票偏好型、酒店偏好型、度假偏好型，大概的策略就是给对应的群组设置一些定向的刺激，最后看看一段时间内样本组的人是不是比参照组的人在携程上消费更多。

Step2：触达干预。当时触达用户的渠道主要是遍布全国交通枢纽的地面销售人员、强大的call center（呼叫中心）和EDM（电子邮件营销）。我们为这些渠道准备了精准的话术、文案或页面。例如在线下，销售人员会以回访老用户的名义做二次销售，销售员在移动终端上输入客人手机号，就能看到客人的类型，并且会提醒销售人员，客人可能会买哪里到哪里的机票，可能选择定价为××元左右的酒店。销售员一介绍，客人常常感到很惊讶：你怎么那么懂我，知道我要什么。这样，客户的好感度和转化率都会提高。如果客人打电话到呼叫中心的话，同理。EDM也可以做到"千人千面"，例如客人刚刚定了一张北京飞往杭州的机票，我们通过历史数据判断用户家在北京，那么去杭州很可能是要出差，需要住酒店，这时就会给该用户推送一封电子邮件，最显眼的部分是该用户在杭州常住的酒店或者和以往消费档次差不多的酒店推荐，然后推荐杭州回北京的特价机票，接着会有杭州的一些吃喝玩乐小贴士，这样的EDM点击率就会比以往没有分别的促销集锦EDM效果好很多。

Step3：数据监测。做了以上工作后，一段时间之后（通常要一两个月），我们用测试组和参照组来对比（大家还记得第1步的参照组吗？就是那个啥都没对它做的组）。对比时虽然大老板是看两组分别给公司带来的价值贡献，但我们做分析的话就要看得更细一些，包括点击率、转化率、客单价、间夜数、平均间夜价格等，以便发现隐藏的问题。如果样本组的效果大于参照组，就会把这套机制覆盖到更多客户。这就是一个简单的AB 测试的过程。如果一开始有两套策略拿不定主意的话，那么可以设置两个测试组，视为A1、A2，一样可以与B组比对，选出更具有竞争力的策略。

6.3.3 "月薪几千元的用户运营"怎么做

前一种听起来挺酷的，但是其只存在于用户基数较大、数据完善的公司，大部分用户运营做的是劳动密集型的工作，工作量大，需要大量的BD、沟通、谈判等用户运营工作。例如以下这个新兴的短视频App在招用户运营时，就是偏种子用户获取和社群运营的，顺便做基本的用户反馈收集和产品优化的对接工作，如下图所示。

职位描述：

职位职责：

1. 监控短视频产品用户反馈，积极与用户沟通，及时跟进并解决问题；
2. 挖掘并沉淀核心用户，从0到1组建用户群，策划并执行各类App内测或用户调研，输出有效结论；
3. 了解当地用户特征，提炼其真实需求，站在用户角度，对产品优化方向提出改进建议。

某短视频 App 用户运营招聘

下图所示的岗位是做用户中KOL这一层维护的。虽然马蜂窝的总用户数量大，但KOL这一层并不算多，招募专职人员一对一维护的效果是比较好的。

职位描述：

岗位职责：

1. 负责挖掘和维护马蜂窝KOL用户，与用户建立良好的互动。
2. 负责并建立用户数据库，对用户进行分层管理。
3. 与其他部门对接，输送KOL资源。

马蜂窝用户运营招聘

这类用户运营需要具备的最基本能力是比全公司任何人都了解所运营的那层用户。我听一位创业者讲过一句话，“当你觉得不知道做什么时，就去和用户聊天”，我再加半句，“就去翻他们的朋友圈”。了解用户的需求和喜好，可以为运营人员提供灵感。

用户运营的未来就是精细化运营，在有选择空间时，尽量选择数据化运营做得好的公司，至少公司高层有这方面的意识，并且往这个方向努力。没有数据支持的用户运营多是体力工作，做一段时间后就会遇到瓶颈，既没有挑战也没有含金量；但有数据支撑的用户运营就好玩了，有很丰富的想象空间。

接下来会讲解新人做用户运营必须会的3件事，分别是获取种子用户；社群运营；挖掘及维护关键人。如果全部都掌握了，那么初级到中级的用户运营工作都能做得得心应手！

6.4　种子用户获取

种子用户的获取对新产品来说非常重要。第一批用户不一定都是种子用户，用户运营初期应该尽量寻找那些可以“发芽”的用户，而不是凑数的用户。这样，可以在小范围内验证产品的可行性，在不伤害用户的情况下完成优化迭代。如果这时候就灌入很多不精准、不优质的客户，测试结果可能有所偏差。而种子用户一旦受到伤害，往往再也无法挽回。

种子用户的获取有N种方法，并且每年都会淘汰一些旧方法，增加一些新方法。这就像我们做电商时寻找流量价值洼地一样，很多渠道一开始用有效，用的人多了也就逐渐没有效果了，而且成本会越来越高。例如三年前流行的微博九宫格，9个同调性的App各出一张带下载二维码的海报，组合成一组微博九宫格素材，打包请微博大V转发，9个商家一起来摊费用，如下图所示。曾经风靡一时的推广方式，如今已经没人再用了。我猜下一个因为玩“滥”而失效的，或许是在朋友圈通过裂变海报吸粉的玩法。

曾经风靡一时的微博九宫格推广法

曾在Uber和摩拜负责用户增长的周喆吾曾说，每个时期，每个产品80%的用户来源于同一渠道。如果找到一个很高效的渠道，千万不能高枕无忧，好日子只能过3个月到3年，很快就失效了。创业公司应该分三步来找到低成本的增长方法。

第一步，广撒网，用最低的成本尝试所有可能的获客方法（不要超过几万元），得到现阶段靠谱的那根“金水管”。

第二步，把“金水管”开到最大，同时也打开周围的“银水管”。

第三步，在“金水管”快要用坏之前，重复前两步。

我有一个学员是做配音网服务的，该行业初期最有效的渠道就是在“58同城”上去找传媒公司的微信或电话，联系他们（因为传媒公司接到一个甲方的活儿后，可能把配音这块的工作外包给专业的配音网站），成交转化率能达到20%！我非常鼓励这样小而美的尝试。现在的商业环境下，实在很难找到井喷式的万金油渠道。接下来展示的手段也仅是站在我的角度、在我写书这个时刻普遍有效且基本不花钱的一些手段。更多真正最有效、性价比最高的渠道则需要读者自己举一反三，在实践中发现。

6.4.1　熟人传播

这是首当其冲的渠道，这个时候就体现了微信朋友圈的好处。如果身边了解自己的都不愿意用，就更难打动陌生人了。熟人传播主要就是用好朋友圈、通讯录、微信群等渠道，让熟人先来试用并分享转发。新浪微博刚兴起那会儿，公司要求每个员工每天都要邀请好友来注册微博并发动态，新浪员工的朋友自然也是比较优质的用户。阿里在推社交软件“来往”App时，也是要求每个员工必须邀请100个朋友下载注册才有年终奖，阿里员工的朋友自然也是卖家、互联网圈的人，质量也还不错，虽然最终没做起来，但是这个方法让员工看到了公司的决心，也让外界看到了阿里做社交的决心，对后面的“钉钉”起到了铺垫作用。

6.4.2　抱竞品大腿

这招做好了既无伤大雅又特别有效，做不好就会让人嗤之以鼻。先讲一个反面案例，东家App最大的壁垒就是在初期花了半年的时间寻访到1000位优质的匠人，竞争者最“馋”的就是我们的匠人资源了，因此想来挖墙脚。地方是找得很对很精准，但是直接给匠人私信的手法未免有些粗鄙，被发现了肯定是会封号的。

再讲一个正面的案例，也是我亲历的。榛果民宿抱Airbnb大腿的冷启动，我觉得做得是卓有成效的。2017年上半年我把工作室拿来做民宿，当时只入驻了Airbnb，因为在我眼里Airbnb就是民宿的鼻祖，我自己出国玩时也经常用它。4月份时，美团宣布旗下民宿预定App“榛果民宿”上线。榛果的城市经理开始进行一轮强势的房源BD，第一目标自然就是那些已经在Airbnb上经营民宿的房东。他们很有经验，而加入“榛果民宿”无非就是新增一个订单来源渠道。为了撬动这批人（包括我），他们在各个民宿群里疯狂加人，请已入驻的民宿主再有奖推荐等，反正他们很快就找到我了。那最后是以什么打动我的呢？因为我是个怕麻烦的人，发房源需要十多分钟，同步房态也比较麻烦，因此我是不太愿意加入的。但是让我震惊的是，他们竟然推出了Airbnb民宿主一键迁移房源并且日后可以同步房态日历的“黑科技”，如下图所示。这一点，对于我们房东来说太方便了。

“榛果民宿”提供的 Airbnb 房源一键迁移功能

不仅如此，还有一部分房东是Airbnb的忠实粉丝，觉得在上面接订单就够了。这部分人往往手上有优质的房源，是容易产量的商家，怎么请动他们呢？“榛果民宿”又出台一条新政策，如果把在Airbnb上有评价的房源同步过来，首套奖励100元，后面每套奖励50元（见下图）。现金奖励还是很刺激人的，特别是有的房东手上有较多房源，拿到几百元奖励只需要花费几分钟。

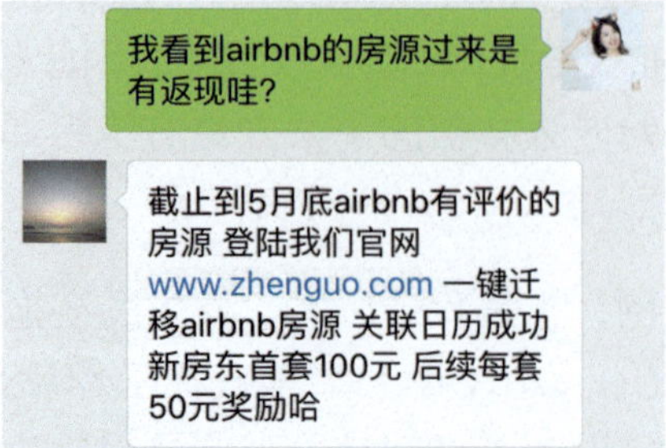

我与“榛果民宿”城市经理的微信聊天截图

“小猪民宿”其实也在抱Airbnb大腿。“小猪民宿”提供了密码锁和民宿保洁服务，并且低于市场价。后来“榛果民宿”也提供了民宿保洁服务，更加便宜，而且连布草都可以租借换洗，房东完全可以当甩手掌柜了。在服务的过程中，其实他们都会得到一些Airbnb的数据，可供日后做定向营销。比如我在安装“小猪民宿”的密码锁时，每次设密码都要选择来自哪个渠道，房客的名字、电话。通过这些信息，“小猪民宿”就能掌握房客里Airbnb客人的占比和联系方式，等到时机成熟便可以通过短信和电话辅以一些利益刺激，把用户拉到自己的平台上来。又比如每次“小猪民宿”保洁阿姨在打扫房间后会在显眼的地方放置一个桌牌，宣告房间已清洁消毒。这实际上是一个聪明的软植入。通过Airbnb入住的客人看到这个牌子，多多少少对“小猪民宿”留下印象，加之桌牌上面告知新用户有返现，说不定就被转化过去了。虽然我对Airbnb有品牌忠诚度，但作为一个观察者和亲历者，不得不说“小猪民宿”和“榛果民宿”都通过“抱大腿”，蚕食老大哥的份额！

6.4.3　社交媒体私信邀请

社交媒体具备的一些特征，比如兴趣标签、达人关联推荐、粉丝数阅读数公开、可私信等特点，特别适合邀请他们作为种子用户。目前最有效的平台就是微博、知乎，二者用户量大，活跃度高，百试不爽。以前的豆瓣也挺好用的，有自媒体人说，“中国创业者都欠豆瓣一份人情，你们哪个团队起步的时候没去豆瓣蹭流量”。不过正是因为这些平台的开放性，就导致你看得到的种子用户，竞争者也看得到，大家都在抢夺资源。在这样的情况下，邀请的方式、话术就显得尤为重要。

话术是很难一次性就写得很好的，可以通过两个方法写出好的话术：一是要换位思考，把自己当成被邀请的人，感受下是否会被打动，二是可以拿两条话术随机发给两组被邀请人，测试哪个响应率更高。

6.4.4　干货资源引诱

干货可以是目标用户可能喜欢的电子书、视频、文档等，也可以是在线微课。微课是这两年很流行的增粉方式。如果创始团队有KOL，可以由自己人授课；如果没有的话，可以通过付费或资源置换的方式请行业里的大咖授课。不过前提都是微课本身是有料、有趣、有价值的，切不可操之过急。我之前做过一个创业项目，目的是聚集一批跟我类似有一技之长的人，通过这个平台实现技能变现。当时请到知识变现做得比较好的彭小六来订制一个在线微课（见下面左图），效果不错。

现在还有些工具可以放大干货资源引诱的效果，从而形成裂变。比如馒头商学院做过的“关注服务号生成自己的专属二维码”课程，分享出去，有三个人帮忙扫码后就能免费听课；又如网易云课堂出品的《网易戏精出来讲课啦》，加入了高佣金比例的分销机制，刺激用户分享，如下面右图所示。需要注意的是，微信官方对这一方面查禁得比较严，容易封二维码链接甚至封号。

和彭小六合作的在线微课

网易云课堂的微课

6.4.5 知识问答营销

早年有大量水军在百度、天涯、各个城市论坛上做的问答植入也算此类，现在用户对此类广告形成了免疫力，但是教育培训类、整形类、孕产类、婚礼婚纱照类的广告还是很多。现在更流行、更得体的方式是在知乎、今日头条的悟空问答做这类广告，旅游商家还可以在马蜂窝的社区问答中植入。做这类问答的要求是先根据目标群体的问题关键词去搜索，找到某个关注量还不错，自己又有把握的问题后，跟干货资源引诱一样，先体现价值，帮别人解决问题，再“软软地”打个广告。这种情况下，网友几乎是不会反感的。前同事元菲辞职离开阿里后创业做一个产品，在知乎上回答了一个问题“你的第一桶金是如何赚到的？”引起了强烈的反响（见下图）。从大学兼职到入职阿里，低价买入原始股到买宝马买LV再到辞职创业，她的生活简直像小说一样精彩。最后她很自然地讲到自己在做的创业项目，从评论来看取得了很好的效果，得到很多网友的支持。不管她未来做这个产品还是换其他的项目，这都是一笔宝贵的财富。

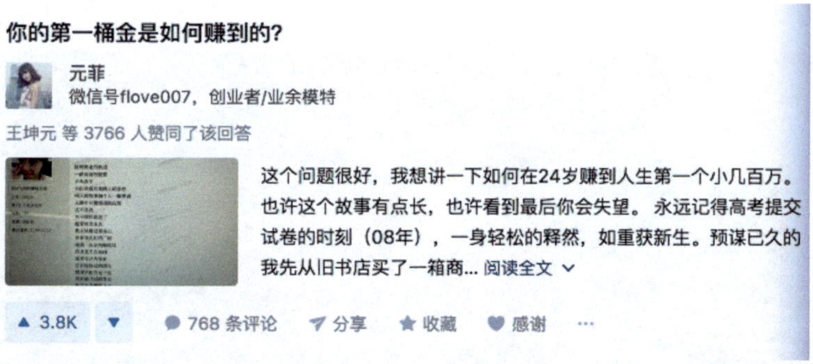

元菲在知乎上的精彩回答

我喜欢的旅拍摄影师陈楠在马蜂窝中对“旅行中能拍出大片范儿的衣服有哪些？”的回答，答案中的大量图片既展示了旅拍水平又展示了服装搭配水平，获得100万人次以上的阅读量，圈粉无数（见下图）。

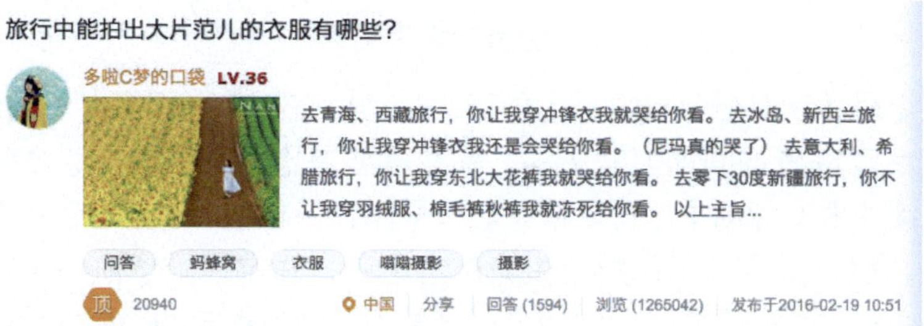

旅拍摄影师陈楠在马蜂窝上的精彩回答

6.4.6　精准线下推广

要在线下推广前加“精准”两个字，才敢在这里讨论。因为很怕大家误会为几年前北京中关村App下载一条街的情形，一个人走一圈，下一堆App，基本上领的礼品或奖金够一天吃喝了。那样的方式肯定是有量而没有质的，很多创业者矫枉过正，完全不想涉足费时费力费人的线下推广了。但线下推广对某些体验式的、偏同城服务的、社群类的项目依然管用，而且通过在线下用户和团队的接触，进一步加深用户信任。一位愿意来参加线下活动甚至做活动志愿者的用户，抵得上10个素未谋面的线上用户。穷游网初期就在各个城市举办过同城线下活动（见下图），并且用“对世界上瘾”“负责任的旅行”价值观吸引了不少气味相投的铁杆粉丝。

穷游沙龙现场

如果觉得活动对自己有效，比如每次活动后有不少比例的人下载App，发朋友圈分享活动或者询问如何购买等，那么就要考虑如何低成本、高频次、系列性、有延续性地办活动了。可以设立城市分舵，招募城市志愿者，由总部提供物料和宣传，执行落地等工作则交由城市志愿者，并定期给予他们一定的物质激励，这是一种比较好的方式。因为志愿者并不是冲着钱来的，所以价值观一定要正，弱化活动的商业性。

还有一种线下推广是面向更大用户量的展会地推。东家App早期出没各个茶博会，并获得了较大规模量的种子用户。东方生活美学的体现就是琴棋书画诗酒茶，其中喜欢茶的又是规模最大、商业价值最大的人群。茶有很大的包容性和延伸性，很多人喜欢上茶后，就会对茶具、佛学、中式家具、珠串、花艺、茶服、古琴、香道、字画、古法食品等都感兴趣了。而这些，东家App上都有！根据相关数据，其线下展会上获得的用户次日留存率高于线上渠道。

6.4.7　老用户推荐

在获取新用户成本居高不下的今天，越来越多的公司重视老用户的推荐，成本低、转化高。一类是诸如Airbnb、Uber这样的公司，有成熟的邀请系统（Referral System）。其本质就是老用户成功邀请新用户使用产品，双方都可以获得好处，通常可以获得代金券或者返现。市面上的App大多数都有这样的功能，其实实现功能并不难，难的是精细化地提升这个功能的效果。以Airbnb为例，它会定义一些数据衡量指标，比如每个月现有激活用户发送邀请的次数、每个发出邀请的用户平均发出邀请的个数、每个收到邀请的用户中最终注册、产生预定、成为房东三种行为的转化率等，通过这些关键指标的提升来评估邀请系统的效果；引入手机通讯录的信息，增加每个邀请人发出的邀请数，研究如何在更合适的时机对潜在的邀请发出者进行提醒；还会做A/B测试研究怎样的邀请文案更打动人心。这里发现利他型的文案（见下图），也就是以下右侧的文案（邀请语：赠送$25给你的朋友用于旅行）会好于左侧（邀请语：邀请你的朋友，你可以获得$25）。

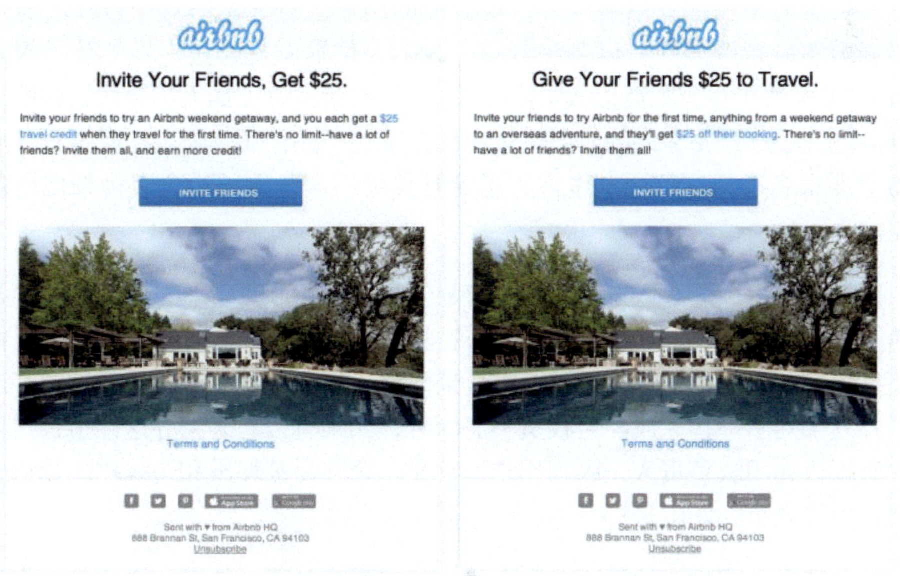

Airbnb 用两种邀请文案做 A/B 测试

“衣二三”App的邀请好友界面也让我印象深刻。可以通过左右滑动选中自己认为最能打动好友的一句文案并且生成海报发送给对方（见下图）。总之，现在的邀请文案越来越社交化、趣味化，而不再是简单粗暴的获利。

“衣二三”App 内的邀请好友界面

另一类公司在推荐系统以外，也会借助用户运营人工一对一告知老客户有老带新政策并跟踪效果，以刺激分享。我听一位朋友说起过，她给孩子报名了 VIPKID（一款在线少儿英语教学产品），效果不错。有工作人员牵线请她给另一位同区域、小孩差不多大的妈妈讲讲自己孩子的产品使用体验。这样推荐以后，对方立即报名了，这位朋友也得到了课时奖励。这些例子都含有精细化运营的思路。

以上种子用户的获取方式可能不仅限于用户运营职责范畴，有的是需要几个角色一起协同完成的，比如知识问答营销需要和内容运营人员一起完成，精准线下推广需要和活动运营人员甚至市场部同事一起完成，老用户推荐需要和产品部、开发部同事一起完成。当权责不清晰时，如果有信心来主导这件事，建议去做临时项目的团队负责人，因为用户运营是一个容易被埋没和边缘化的角色，必要时，应该强势地站出来！

其他还有一些付费的用户获取方式，如新浪粉丝通、腾讯社交广告、今日头条信息流广告等。但因为不建议用付费的方式获取种子用户，且用户运营人员手上几乎是没有预算的，所以不在此赘述。

6.5　社群运营

“社群”是2015年下半年开始热起来的。目前存在以社群为形态的创业，它的商业模式不确定，创始人抱着放长线钓大鱼的心态。事实上，长线是一定的，有没有大鱼就不一定了。社群有两类，一类比如某读书群、某兴趣爱好群、某创业者和投资人对接群、某市场人聚集的群、某运营人聚集的群；一类是为公司既有业务服务的社群，这类社群目的性很强，披着社群的皮，打着拉新和转化的主意，比如某母婴产品的宝妈群、某旅游公司的结伴同游群、某教育公司的学习交流群。

放在用户运营的工作职能中，我讲的是第二种。它可能看起来没有那么纯粹，但确实是一种对大部分公司有效、低成本的用户运营手段之一，特别是对于客单价高的行业尤其适用。

为什么把社群运营放在用户运营的职责里呢？因为社群运营的目标还是用户，只不过将用户放在了一个有共同价值观的群的形态里，便于更高效地运营。目前最主流的社群运营是在微信群了（但社群一定不等于微信群）。

社群运营在每家公司承担的KPI可能各有差异。和内容运营类似，它具有多重功效，如拉新、留存、转化，在实际操作中，这些功能很难在一个群里完成，所以通常我们会做一些组合（见下图），像漏斗一样筛出真正付费的用户。

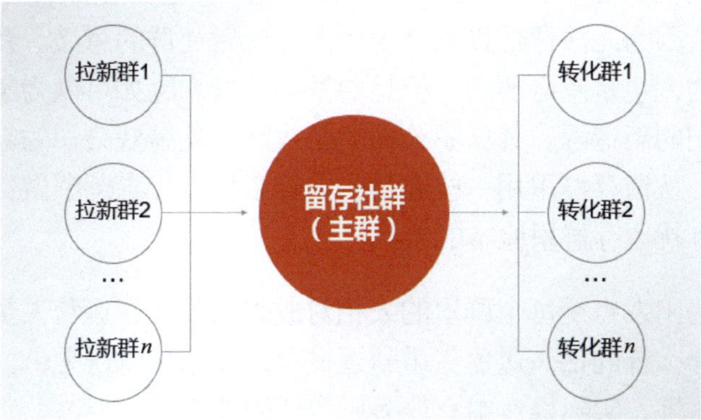

群的组合

- **拉新群**

目的是拉来新的群成员，从中转化为App下载数、注册用户数或者公众号的粉丝数。例如利用某次微课、某次活动引诱来的用户就可以放在某个群里，活动结束后应该趁热打铁引导大家去关注微信公众号或下载App。这类群的生命力很短，人比较杂，忠诚度不高，可能三天后就一片死寂或沦为广告群了。不要强求延长它的生命期，能转化的转化，不能转化的就放掉。赶快去策划下一个拉新活动，建新的群，快聚快散。

- **留存群**

这是最能代表公司典型用户画像的一个群了，这里沉淀着品牌的忠诚粉丝。建群的目的是让大家有归属感，通过品牌方持续输出价值和社群成员间的互相影响，把用户留下来，延长他们的生命周期。这个群的成员来源于几个地方，包括拉新群里比较活跃、有交流欲望的一帮人，比如老客户里的忠诚粉丝，比如公众号的忠实读者。微信公众号的打开率持续下降是一个不可逆的趋势，未雨绸缪的方式是将用户引到互动性更强的地方，微信群就是个很好的平台。有很多公众号在文章底部或菜单栏都会引导感兴趣的用户进一步加个人微信号再将用户拉进微信群，下一次发文后即便没有打开公众号，也会看到运营人员在群里转发的文章在群里，这样打开的概率会高很多。

- **转化群**

经常发广告的群会让人反感，但不做转化的群也会让品牌方缺乏维护的动力，长此以往会因为无法评估投入产出比而怀疑做社群的意义。我认为适当的刺激转化是可以的，也是有必要的，但是要做得巧妙。比如可以为某个单品（比如某在线教育公司的新课程、某旅游公司的新线路、某游戏公司的新游戏……）新建一个转化群，从留存群里用一些有趣的内容素材、优惠刺激做钩子把感兴趣的人引出来，不打扰留存群里原本的氛围。

这样设计的出发点是每个群里的人相对成为同类人，运营人员才知道需要对什么样的人说什么样的话。避免劣币驱逐良币，让用户觉得无价值、浪费时间。以上讲得比较落地，实际操作中有很多可变通的地方。

最重要的，我觉得作为一名运营人员，你应该混迹在多个群并从中得到给养和灵感，随时跳出来思考。社群运营，我总结出来四要素：同类人、有价值、核心人、规则。即有相同兴趣或目的的人聚集在一起；社群能给予成员价值，比如活动、内容或者是人脉；群里有能凝聚人心的核心人，通常是发起人或发起人邀请的具有观点输出能力的人，能与普通成员互动；最后是要有一些基本的群规。

6.6　关键人挖掘及维护

在第5章，我们已经知道通过关键人营销可以放大活动效果。但是关键人是需要日常储备和维护的，这类工作通常落在了用户运营人员身上。他们经常与用户打交道，他们清楚哪些用户处于金字塔上层。

6.6.1　识别关键人

在挖掘关键人时，需要细心和敏感。因为这部分人通常不是大V，不算KOL，尚未明码标价，他们没有很显性的粉丝数去证明他们的影响力，这时候就需要留心观察了。例如可以调取交易数据，筛出那些交易频次比较高的用户，他们对公司的认可度肯定很高；例如现在有拼团、有生成专属二维码邀请好友的工具，通过这些看看哪些人特别有号召力，能吸引人扫码或者下单；例如留意留存群里发言活跃有见解的人。我有个朋友挺喜欢化妆品测评的，第一次在小红书发了笔记，就因为内容优质被运营人员“盯上”了，加了个人微信和她时不时寒暄下并且鼓励她多生产优质内容，我也有在马蜂窝被“盯上”的经历，这种“被发现”的感觉挺好的。

6.6.2　维护关键人要走心

现在很多公司有意识在维护关键人，比如过年过节致以问候并送点礼品。但是有的公司做得不够走心。我观察到端午节、中秋节、春节时，我朋友圈有一些关键人总能收到很多礼品，我自己也会收到一些。其实品牌的内心潜台词是希望收到礼物的关键人能拍个照在朋友圈晒一下，做下软广告，但有的礼品实在毫无新意，有的关键人就把礼物堆在一起拍张合照发个朋友圈，说“谢谢各位金主爸爸投食”。但是遇到走心的礼物，例如定制的包装上有专属的名字、头像、有趣的文字之类的，关键人就会认真拍照并且单独发朋友圈和微博，这样品牌方的心思才没有白花。

6.6.3 巧用关键人

说完了挖掘和维护关键人，那么到了关键时刻，如何发挥关键人价值？最常见的一种方式就是请关键人发活动海报到朋友圈，怎么做更为妥帖呢？一是尽量有仪式感，比如有关键人称谓的邀请函。他觉得受到了邀请，就算自己不能去，那也可以分享出去让感兴趣的朋友去；二是发朋友圈的文案，最好是自己写好发给关键人，卖点写得好不好与海报的打开率直接相关，关键人可能没耐心去挖掘活动的卖点。

另一种方式就是让关键人直接体验，不管是去线下体验，还是邮寄产品体验都行，该方式适用于美食、旅游、酒店、花艺等体验过程中容易拍出高格调照片的场景。怎样做效果更好呢？切忌让关键人体验一个“标品”，就是明码标价的、任何人都能买到的商品，要让关键人有尊享感。比如之前有烘焙品牌请我和朋友们品尝新品“网红脏脏包”。如果只是品尝脏脏包，我们就会觉得不就是十多元钱一个的面包，自己买也行，何必专门跑一趟。但如果品牌方设计成可以自己亲手学制作脏脏包的下午茶沙龙，就会吸引很多人，因为这是别人花钱也享受不到的“非标品”，受邀的人自然乐意发朋友圈。再比如，做民宿的老板经常会邀请达人来体验，如果达人享受到的就是几百块至上千块和网上订房一样的服务，那不够有吸引力，如果设计成“做一天回归乡野的山民”，或者“体验民宿主的一天”，就有意思得多。

最后一种方式是做竞品调研。如果你跟关键人的关系比他跟竞品的关系好，那么可以从关键人那里打探到竞品情报，对了解用户反馈、优化产品有帮助。

6.7 观察阿里：流量思维到用户思维

有人说，目前是互联网下半场，流量思维会被用户思维取代。有人说，流量思维反映的是一种兽性，是站在自己角度考虑问题的；用户思维反映的是一种人性，是站在对方或用户的角度考虑问题的。

在阿里的那几年，我被根深蒂固地植入了流量思维，具体表现是什么呢？流量思维表现之一：流量就是命根。比如拿到一个销售额KPI，我会很自然地用电商万能公式“销售额=流量 × 转化率 × 客单价”来分解，要达到这个销售额，转化率不变的情况下需要多少流量，去哪找这些流量，做什么样的banner能吸引最大的点击量，如下图所示。不过阿里的流量思维不至于“兽性”，因为我们同时很看重流量的转化路径；如果banner投放出去吸引了不精准的大流量，第二步在活动页面和第三步在宝贝详情页的关键指标表现不佳，我们也会进行调整。

电商中典型的流量转化路径

这里透露两个在大流量下才能观察到的小技巧：第一，如果投放的是线下广告，比如公交站牌、地铁广告，或者是视频贴片广告，请一定把广告画面上的二维码换成搜索框（见下图）！这是我们曾经花费了几百万元的广告费用得出的结论，二维码的扫码率低得可怜，用户在公共场合看到广告根本不愿意举起手机扫码，不如用搜索框让用户知道可以去哪里搜索什么关键词。

用搜索框替代二维码的广告画面

第二，最精彩、最有噱头的商品放在活动页面第一屏，让用户在第一屏就产生点击行为！在百万级流量的页面中，我们通过热力图可以看到用户的点击衰减得非常厉害（见下图），不要寄希望于用户会一直往下划，看第二屏、第三屏的内容。

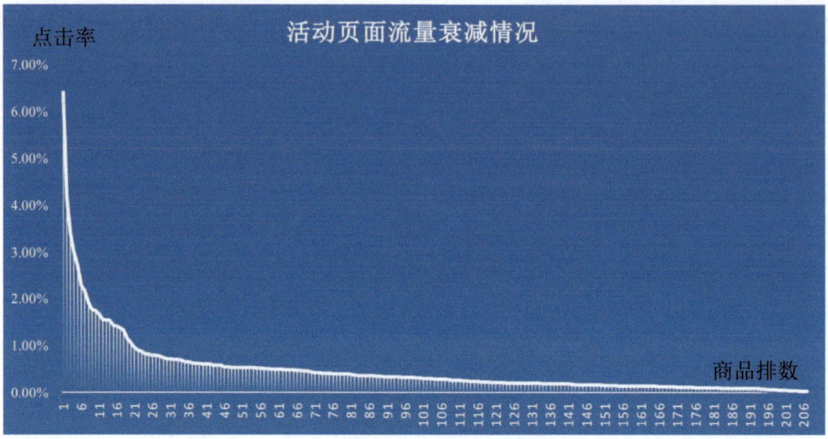

活动页面流量衰减情况

这些细节都是“流量思维”的公司特别看重的。

流量思维表现之二：把流量给最能转化的卖家。正因为珍视流量，我们会把流量灌给最能带点击、带转化、带成交的商家，我们做活动时有个俗语叫“海景房”，就是活动页面最上面的几个好位置。如果上了这里，一定能得到最好的流量；大促的时候还有赛马机制，如果卖家上了坑位却得不到好的点击、好的转化，会被实时淘汰掉，换新一批商家。如此这般，优点是流量效率高，缺点是单一性，某些商家一度成为“海景房”的宠儿，每次都是这些商家，买家看起来也很无趣。这样看来，流量思维是有些“兽性”的，弱肉强食，没有平均分配、没有雨露均沾。

我在阿里有过沮丧的时期，曾怀疑自己的价值。实际上，每次活动只要流量能达到预期，基本上都能完成KPI，而流量要达到预期，就要从卖家那里拿到很大的优惠力度、秒杀等，对卖家常常施予了很大的压力。

淘宝、天猫的用户群太广泛了，从大盘上来看的话实在没有什么目标用户画像好分析，就是整个互联网网民的样子，只好践行“得草根者得天下”。买家在我眼里就是一个个UV，是冰冷的，是一个个被求和平均后躺在报表里的数字。我感受不到它们的喜怒哀乐、性格偏好，因此只能一把抓。

这也体现了在大公司做用户运营和在小公司的区别，大公司要难下手得多，不是一两个人就能做的，需要高层有用户思维、组建横向的用户运营团队、动用开发资源。彼时我只是一颗很小很小的螺丝钉，难以看到公司的全局。现在离开阿里之后，抽离出来，倒是看到不少阿里做的有用户思维的事情。

第一，赋能卖家去服务会员。对比了一些电商平台的后台之后，可以看出淘宝或天猫向卖家提供极其强大的会员管理工具用于服务买家，平台始终是躲在千万卖家身后的坚强后盾。体现之一就是手机天猫 App 导航栏有明显的会员入口，进去之后则分流给品牌商，如下面左图所示。

第二，千人千面。通俗说就是根据消费者标签展示不同的商品及活动 banner。给用户个性化的服务在阿里这种大体量下根本不是运营人工可以做的工作，人工智能才能帮我们。有了千人千面，虽然我们运营人员还是看不到每个消费者长什么样，但是一个个 UV 立体生动起来，有了标签，可以投其所爱，这才是高级的用户运营啊！

第三，“88 会员”强势来袭。不管传统企业还是互联网公司，做会员体系及权益一点都不稀奇，但是做得让用户有心动的就很少了，大部分都在自娱自乐。2017 年 7 月底阿里巴巴宣布，原淘宝、天猫会员统一升级为“88 会员”，根据淘气值分为 APASS 会员、超级会员、普通会员，并将每年 8 月 8 日作为“88 会员节”，力争打造“双 11”之外的又一个节日。自此，阿里打破“一刀切”的普惠性福利发放，对不同类型的会员提供个性化的权益和服务。我作为超级会员（见下面右图），对极速退款的特权感到特别满意，以作为超级会员为荣。

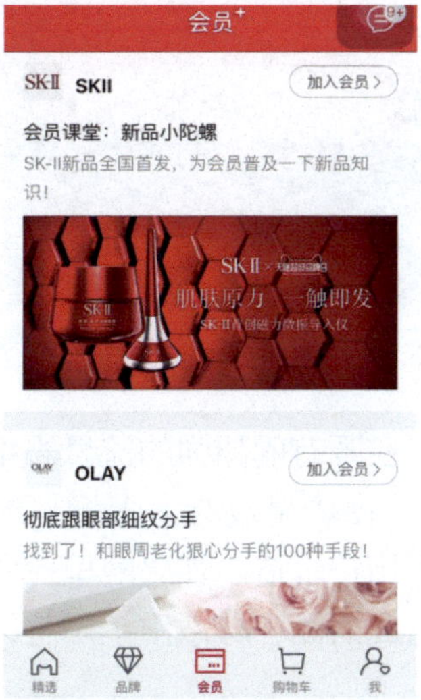

天猫首页“会员”入口

淘宝“会员中心”界面

除了日常的特权，超级会员的福利始终贯穿在阿里的各个大节点活动中，而不是割裂开的。借着每次活动的强曝光，“88会员”的身份认同更加深入人心。例如“88会员日”在上海梅赛德斯-奔驰文化中心举办了一场全明星演唱会（见下面左图），以极低的价格献给超级会员。

比如“双11”预售期间，超级会员可以以99元的低价购买原价499元的天猫精灵，我自己就抢了一个，在不是超级会员的老公面前炫耀了一番；超级会员可以提前锁定想要购买的商品，11月11日零点那一刻不用跟别人抢货，天猫为超级会员保留1小时；比如“双11”接近尾声时，当天消费满5000元的超级会员居然在晚上10点，又收到了大额优惠券（见下面右图），这简直是逼人“剁手”……

会员节海报

“双11”88超级会员专享红包

最后，流量思维和用户思维不是互斥的，阿里在既有的超强的流量思维上增强了用户思维，并且有大数据、人工智能的加持，在流量没有太多增量的情况下，也能给阿里这艘航空母舰续航，最大程度发挥用户价值。加之阿里一向擅长高举高打，把用户运营这样润物细无声的事，也当成活动一样做出了声势，做成了事件，确实让人佩服！

07

第7章　数据化运营：不是一个岗位，是一种意识

高阶运营，无数据不成活

我想一定有读者会直接翻到这章开始阅读，因为数据化运营是高阶运营和低阶运营的分水岭，因此难免有人想要直接掌握高阶运营的秘籍。但是实际上至少有一半的数据化运营内容已经渗透在本书前三章的内容中。数据化运营不是一个岗位，而是一种意识，是每一类运营人员都应该掌握的意识，可以将其用来验证、优化自己的工作，始终保证自己走在以结果为导向的道路上。

在阿里做运营，当你埋头苦干时，只是一颗螺丝钉，并且看到的只是琐碎的内容；而当你抬起头思考时，看到的是由无数精密无比的仪器组装起来的航空母舰。要不要在大公司做一颗螺丝钉，取决于个人视角。我进阿里的第一个月，就发现数据是阿里的宝藏。我对此如饥似渴，天天玩各种数据产品，提取数据出来在Excel表上处理，天马行空地想象它背后能透露什么别人不知道的信息。有一次开会，老板提出一个问题，大家众说纷纭，我说出了答案，并且告诉大家答案是通过数据分析得到的。那一刻，觉得自己特别骄傲。

感谢素未谋面的车品觉老师（前阿里巴巴副总裁/数据委员会会长），他说自己是一个“没有数据不能活”的产品经理，他说“别人的决策就在你的决策里面”。也感谢在携程、阿里帮助过我的BI（商业智能部门）的数据工程师、数据产品经理！

7.1　我的数据化运营之路

很多人在工作一两年，甚至三五年后，熟悉了基础工作，才有机会打开数据化运营宝藏的大门。从数据完善的携程销售运作部，然后到数据产品更加完善且数据为运营所用的阿里，再到创业公司。我的三段经历分别代表了数据成熟程度不同的三类公司。不管处于什么境遇，当有了强烈的意识——数据是个好东西，再加上一些基本的思维和方法，那么一定不会束手无策。

7.1.1 第一段经历：携程旅行网

当时的携程数据化驱动处于中高程度。它的特征是数据收集做得很好，该埋点的地方都有埋点，数据库完善，但数据掌握在少数人手里，要提取数据和分析数据都有一定的门槛。例如需要BI部门帮助提供资源，或者自己会SQL（访问和处理数据库标准的计算机语言）。这就像是发现了宝藏，但自己搬不动，只能干着急。在这类公司，作为运营人员可以做什么？充分利用BI部门的提取数据，向他们描述需求时尽可能专业、简洁、精确。对比以下两种方式，BI肯定更希望看到第二种提需求的方式。

A：请帮我提取最近这段时间购买机票的用户一般提前多久购票的数据。

B：请帮我提取12月1日–12月6日期间，所有购买机票用户的购买时间、出行时间、国际还是国内机票、机票折扣，以及用户性别信息。

B方式的特点是更清晰，字段比较全。这是BI部门教给我的一个小技巧，尽可能全面地提需求，因为对于他们来说，提取3个字段和提取6个字段花费的时间差不多，如果只提取用户、购买时间、出行时间，并且认为将两个时间相减就是提前购买的时间，这样的操作就可能导致分析结果不够全面。因此可以一次性全面提取信息，把有可能的影响因素都提取出来，再进行数据处理。例如购买机票的提前时间就可能和国际机票还是国内机票有关，也可能和折扣有关，还可能和购票人的性别有关。拿到数据之后，就要用到必备的Excel技能了。我刚到携程时，只有大学学的一点儿三脚猫功夫，幸好有主管、“表哥”（做Excel特别厉害的师兄）手把手教我，课余也在看一本“小蚊子”老师编写的数据分析启蒙书《谁说菜鸟不会数据分析》。

经常有刚毕业的学员问我，对于Excel操作需要掌握到什么程度，是否需要学习SPSS、SAS等高级统计分析工具。事实证明，Excel可以解决几乎一个运营人员需要解决的全部问题。《谁说菜鸟不会数据分析》介绍的技巧完全够用，剩下的精力应该回归业务，不然功力也是发挥不出来的。在Excel的众多功能中，运营人员用得最多的就是IF和VLOOKUP等函数、数据透视表、条件格式。最后，还要懂一点点的统计学知识。我的大学属于财经类院校，学生都要学统计学，没想到这些知识在工作中还能派上用场。例如前文提到计算购买机票提前时间的案例，有的人可能会取平均值，但实际上这里应该取众数。

小常识：平均数、中位数、众数的关系

平均值是一组数据的和除以这组数据的个数而得出的数值；中位数是指所有数值排列之后，处于数列中间的数值；众数是指一组数据中出现次数最多的数据。

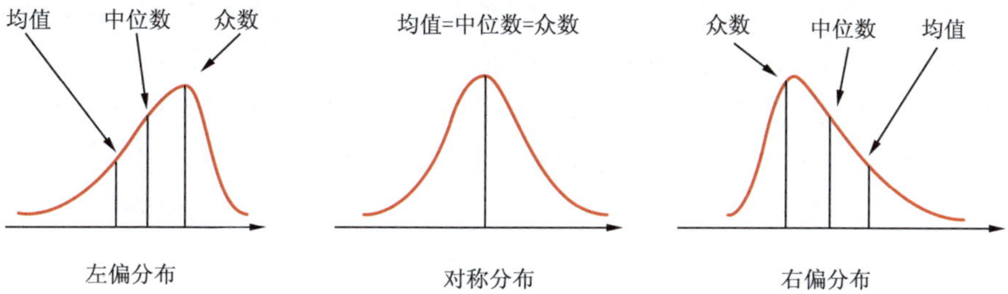

图 7.1　均值、中位数、众数的关系

总结一下，在携程这类数据化驱动公司，运营人员要做的是和BI部门搞好关系，它是运营人员和数据之间的桥梁；准确描述数据提取需求；掌握Excel常用函数和数据透视表；具有基本的统计学知识。

在我离开后携程后，携程的数据化程度提高很多。

7.1.2　第二段经历：阿里巴巴

阿里的数据化驱动程度很高。它的特征是有庞大的数据库，有大量数据方向的产品经理在开发数据产品，力图降低数据运用门槛，做成傻瓜式的开放工具给运营人员使用。近三年，阿里又通过人工智能实现了“千人千面”活动，该活动大量投放在首页、活动页面上，更大层面上接触用户。我刚到阿里时被奉为“表姐”（在携程，我只能算“表妹”），我发现在阿里，部分运营人员的Excel操作技能比较普通，因为他们太幸福，有数据产品可以用，而且很好用，很强大。在阿里这样的公司，作为一名运营人员能做什么吗？首先，一样数据产品做出来了，大家就都会用了，产品经理肯定是希望这样的。但实际上数据产品也是个产品，这个产品也是需要被运营被推广出去的，用户就是阿里内部的运营人员。所以数据产品经理经常开展内部培训会、宣讲会、旺旺群答疑等，用于为运营人员答疑解惑。有的运营人员认知过程比较慢，甚至不用这些产品；还有些运营人员用得不好。作为一名运营人员，要在强调数据驱动的公司脱颖而出，首先就要响应公司号召把数据产品用好。怎么才算用得好？同样要和数据产品经理搞好关系，成为第一批种子用户，帮忙测试并提出反馈意见，这样数据产品经理会非常重视你，就像用户运营人员要去维护种子用户一样。这样的话，如果自己有些高级功能想要请教，或者想要提出需求，都可以优先得到满足。另外，多和数据产品经理打交道也会提升自己的逻辑思维能力。此外，建议多琢磨产品里面自带的教程、常见问题和数据口径，这里面能解决大部分遇到的使用问题。数据的口径非常重要，如果不了解口径，那么老板或客户追问问题时，就可能要抓耳挠腮了。在数据产品页面上有个问号的位置，将鼠标光标移过去，就会显示一些指标的定义。下面以微信公众号后台的统计图文分析页面为例，鼠标光标移动到右上角的问号上时（见下图），就会弹出一个窗口，其中对指标的解释非常清晰，这是很多人可能忽略的知识。

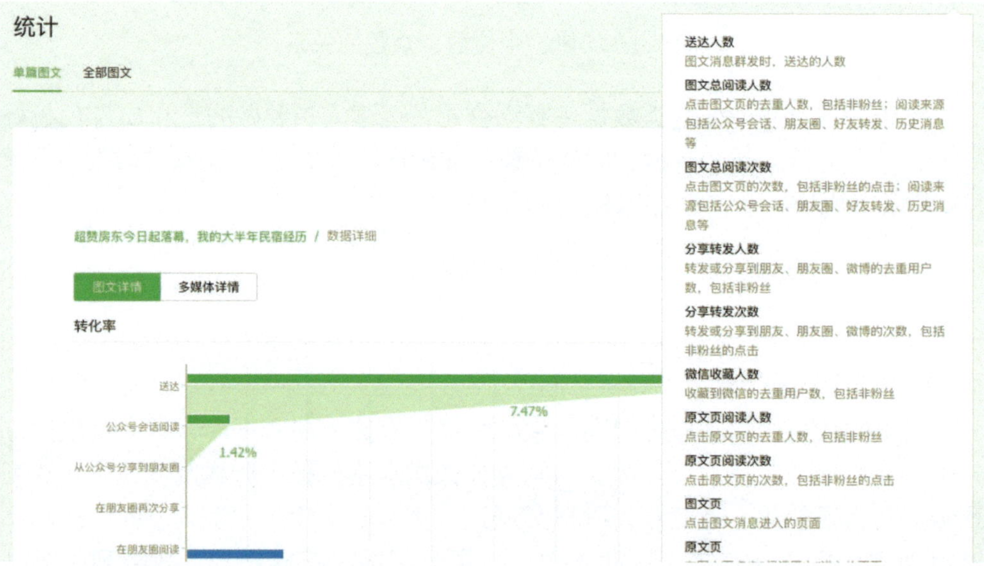

微信公众号后台统计指标解释

把数据产品用好，已经使你超过80%的运营人员了，如果还想精进就要回归业务，多制造可以利用数据的场景，在业务中遇到任何问题时都想想能不能利用数据来佐证，能不能利用数据来提高效率，能不能利用数据来验证结果，让数据成为日常工作的一部分。总结一下，阿里数据给人的感觉就像是得到了丰富的宝藏，而且不用自己搬运，戒指、项链、头饰、耳环都分门别类摆好，一键就能启动传送带送到手上。运营人员需要做的就是了解自己、了解出席的场合、了解美学知识后用这些珠宝打扮自己。

7.1.3　第三段经历：初创公司

这类公司数据化驱动程度较低。它们的特征是用户处于原始积累阶段，数据收集层面不全，数据只能解决局部的问题，尚未形成一张数据网。这时候的运营人员，特别是运营总监承担的任务要重些，在前两类公司，运营是躺在数据宝藏上，数据拿来即用，而这类公司没有专门负责数据的开发人员或者产品经理。有的时候要运营人员提出在哪些地方埋点，哪些数据需要监测。如果等着公司成熟后再提供数据，那么初期的很多成绩是得不到量化的，其实害的是自己。身在这类公司，作为运营人员可以做些什么呢？首先，利用好外部数据。有的公司的业务基于微博、微信公众号、淘宝店、微店和社群，前四项都有各自的数据并且在后台就可以看到，特别是淘宝卖家后台，开通“生意参谋”后数据非常齐全。如果客户百分之八十来自淘宝，完全可以拿淘宝的用户画像、转化率等当作全公司的数据资源。社群工具，网上也有很多，主要记录社群成员加入、发言、签到、退出的行为。至于社群里引导成交的数据统计工作，可以请技术人员生成社群专用的购买链接再放进群里，这样可以看到访问次数和成交量。如果有自己的网站和App，就需要看流量数据和用户在App上的行为数据，常用的统计分析软件有友盟（见下面两张图）、Google Analytics和百度统计。

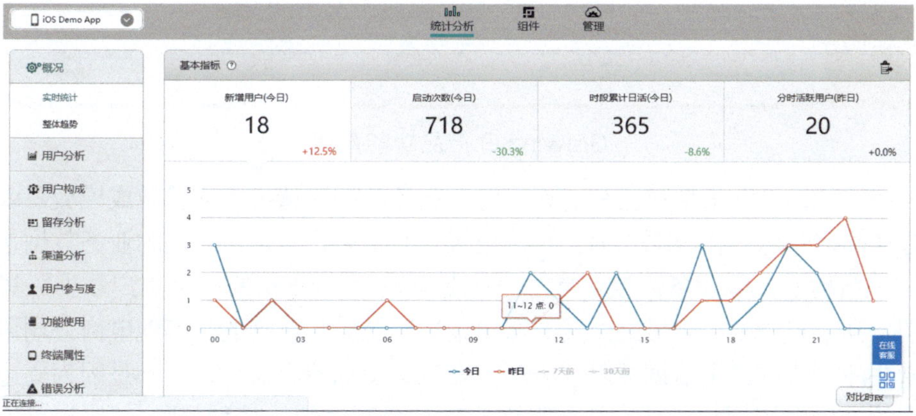

友盟 App 数据 demo

近年来，GrowingIO很受欢迎，不过需要付费。该产品的推广方式也很精准和高端，一直都在各个互联网人的沙龙里通过知识分享获取用户，口碑好。该产品的部分功能和阿里的A+（一款阿里内部用的数据产品）类似，比如热力图、漏斗分析、用户分群与细查等，产品功能截图如本页下面的图所示。

友盟 Web 数据 demo

GrowingIO 产品功能截图

使用时，可以根据自己和老板需要的业务数据，请技术人员做成模板，以便能方便提取数据，将数据作为日报、周报、月报素材。每家公司的业务数据是没有统一结构的，因业务而定。例如下图是亚马逊2005年的一个用户数据采集表截图，其中有一项“距最近商场的账单地址”是最为特别的，其他电商公司可能并未关注。通过这个数据可以分析用户在我这里消费金额少，是不是因为周边有足够的商店供该用户消费，从而发现距离和金额之间的某种关联。“愿望单内物品数”（类似收藏夹）和“购物车内物品数”这两个亚马逊关注的指标，阿里同样很关注，其实“双11”活动预热阶段的核心就是刺激用户将商品加入购物车。车品觉先生在一次分享中说，通过“双11”前三周购物车内商品的新增情况，就能预测“双11”活动的销售额。从购物车到购买的转化率是从前几届的“双

11”活动中不断分析得到的。

Demographics	人口
	Name姓名
	Gender（implied）性别（显示的）
	Customer_id客户编号
	Email address邮箱地址
	Address地址
	ZIP+4 of billing(most recent) 账单地址的详细邮编（最近的）
	Distance billing address to closest mall（miles）距最近商场的账单地址（英里）
	Distance to nearest bookstore 距最近书店的距离
	Distance to nearest electronics/computer store 距最近的电子、电脑商店距离
	Number of store within 3 miles 3英里内商店数
	Number of store within10 miles 10英里内商店数
	Acxiom Personic Segement（Life stage of household) Acxiom 公司的Personic市场细分
	Other Acxiom Data 其它Acxiom
Current state	现状
	Nr of items in cart 购物车内物品数
	Nr of items in wishlist 愿望单内物品数
	Nr of items in register 注册表内物品数
	Nr of backlog items（purchased，not delivered）积压的物品数（已付款，未送达）
	Nr of open CS tickets 开放的状态标签数
	Engagement：Nr of non-zero feature：Details 预约：非零特征数：具体内容

2005 年亚马逊的用户数据采集表部分截图

最后，可能还有很多技术人员顾不上小场景的临时需求，这时可以发挥自己的主观能动性，在Excel表上记录数据、处理数据、分析得出结论，用最小可行性原则来完成数据化运营的过程。例如之前我在一家旅行公司做内容运营工作，我们在马蜂窝网站上发布了很多自由行攻略，获得了很高的阅读量，但是不确定带来多少订单，马蜂窝不能提供（我们在马蜂窝自由行商城能看到总的订单数，但无法从中区分出看攻略后下单的用户），公司现有的技术也监测不了。在这个场景下，我便手动记录每天新增的攻略阅读数、浏览攻略后成交的订单数（请客服人员回访后记录）、金额，将这些数据做成一张表，估算转化率。下一步通过优化攻略的写法提升引导成交的转化率，就可以以此为基准值，看看优化写法后转化率是否有所提高。不用担心数字不精确，因为是一个人操作的，只要自己前后的统计方式不变，能在这个比率上提升就算达到目的。

7.2　洞悉数据化运营体系

以上三类公司，代表三种数据化运营体系的成熟程度。那么从无到有，从弱到强，一家公司的数据化体系（见下图）到底是怎样建立起来的呢？

数据化运营体系（图片作者：秦路）

所有公司都要经历的过程：数据收集、数据产品、数据运营和运营触达。

1. **数据收集。**数据收集的核心是尽可能收集一切数据，它有两个原则：宜早不宜晚，宜全不宜少。需要收集的数据可以划分为4个主要类型：行为数据、流量数据、业务数据、外部数据。创业公司通常在第一个阶段停留时间比较久。

2. **数据产品。**原始数据并不能直接为运营人员所用，需要按照一定的标准整合、加工。数据产品是对数据的加工和利用，形成一张张可视化的报表，降低运营人员的使用门槛，这一点在阿里尤其突出。

3. **数据运营。**运营人员将数据转化成运营策略，真正把数据运用起来。数据产品让运营用数据变得简单容易，但是用不用、怎么用，就是运营人员思维和能力上的问题了。阿里大部分运营人员做得很好，在自己的工作中尽可能使用数据产品，比如我们在写活动总结时会通过数据产品提取需要分析的数据。

4. **用户触达。**经历了漫长的积累过程，只有在一家公司对自己的数据非常有信心时，才会开放给用户，使客户知道自己在这家公司是有标签的。比如阿里在把“千人千面”第一次用到“双11”活动的那一年，内部经历了大量的测试和调试才敢上线。2016年、2017年的“双11”活动让广大用户感知到了每个人在活动会场上看到的banner、楼层顺序、商品和会员权益都不一样。

并不是说所在的公司在第一个阶段，就只能做低级的运营。其实自己弄一张Excel表收集数据，也能做数据运营。没有数据产品之前，阿里运营做活动、选品选商家时就是这么干的，请开发人员提取几十个指标，运营人员赋予指标各自的权重在Excel表中用公式算出来排序，再将结果填到活动页面上。现在完全自动化了。其中第一和第三阶段是最锻炼运营人员的，第二和第四阶段是最锻炼产品经理的，到第四阶段就不需要运营人员做什么工作了，基于算法模型，服务器实时计算后直接将推荐结果返给用户，高度自动化。

所以珍惜所处的阶段，发挥自己的价值。

7.3　阿里运营是怎样被数据赋能的

阿里就是一部数据化运营的教科书。我之前写的那篇文章《我在阿里三年的运营经都在这儿了》，里面写了我做过的几类运营工作，实际上令人印象最深的就是在运营工作中始终贯穿着数据运营的身影和阿里强大的各种数据产品。黄有璨在《运营之光》一书中专门提到了我把数据的价值和运营工作中的具体使用场景讲得比较到位。这里回顾一下文中提到的关键点。

大家常说的数据化运营到底是什么？数据化运营太重要了，这是在阿里做运营最能让我兴奋的地方，也是最能区分初级运营人员和高级运营人员的地方。运营人员要做的事太多，如果没有数据导向、没有KPI、没有取舍，就会非常没有成就感。阿里有多少供运营人员使用的数据工具？我用过的有黄金策、活动直播间、数据魔方、月光宝盒、天猫流量视图、淘宝指数、量子恒道、卖家档案、活动效果分析、卖家分层、卖家云图……在阿里，这些工具有的还在使用，有的已经无人运营。除此之外，BI部门还可以为业务量身定做报表。现在的运营人员很幸福，很多数据产品进行了整合，简单很多。

1. 进行活动效果分析时，我爱用的是“A+”（一个阿里内部的数据产品），能方便地看到页面从浏览到转化的所有数据，这里面最值得关注的是浏览转化率、购买转化率（见下图）。

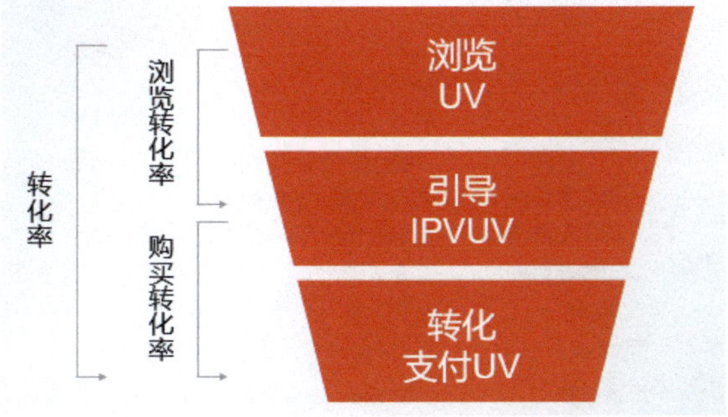

阿里内部的数据产品“A+”的转化漏斗

浏览转化率低的话，可以考虑调整页面布局；购买转化率低的话，则可以考虑调整活动商品。此外，还能看到这个页面的流量来源及去向、用户画像、卖家分析、商品分析、类目分析、每个区块的点击数据。

2. 做卖家运营工作时，我最爱用的是“卖家云图”（见下图），它能以直观的方式看到各个层级的卖家在各个关键指标上的情况。还可以把这些指标重新加以筛选、配置，用“与”或者“或”的关系，建立自己的卖家分层。对每个层级的卖家使用不同的运营方式。

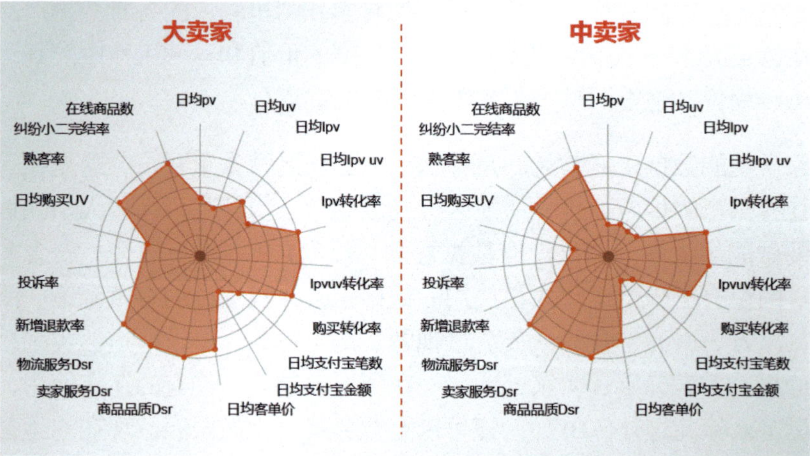

阿里内部的数据产品“卖家云图”

3. 做类目运营的话，数据魔方（现在叫生意参谋－市场行情）真是太给力了。小二版和卖家版的数据魔方不一样，能看到每个行业下的这些数据，如下图所示。

数据魔方	生意参谋
第一时间	行业直播
行业大盘	行业分析
子行业排行	子行业交易排行
热销店铺排行	商品店铺榜（多维度）
热销宝贝排行	商品店铺榜（多维度）、产品分析
买家购买分析	买家人群
卖家分析	卖家人群
品牌分析	品牌分析
产品分析	产品分析
属性分析	属性分析

“生意参谋”部分截图

如果对数据敏感，能挖掘数据并且将数据用于工作中，那么真的能让自己学习和成长！我刚进阿里时，就对数据着迷了，缠着BI人员、数据产品经理、数据开发人员学习各种知识。在绩效评估时，我曾经得了两次3.75A（阿里的绩效，3.75A表示处于团队里前百分之十），和这个也有关系。当时全集团都在号召运营工作要往数据化方面转，而我恰好走在了前面。

下面举几个具体的例子说明怎样用数据运营完成KPI。

每年的战略不一样，运营重点不一样，手段也不一样。做运营很有乐趣的一点就是有很多抓手，比如流量、数据、卖家资源，能根据KPI迅速配置相应的方式，形成组合拳。

案例一：有一年，我们的KPI是日均间夜数突破××。

在这个目标下，我做了以下这些事情。

首先，把这个金牌公式"支付宝成交金额=流量×转化率×客单价"换成适用于酒店类目的"间夜数=流量×转化率×人均间夜数"。在3个因子里挑选最容易达成，并且能对结果产生重大影响的因子。我的判断是流量和人均间夜数。因为转化率和产品体验密切相关，当时整个酒店运营体系还比较薄弱，而且主要负责人是产品经理。假设转化率不变的情况下，流量和人均间夜数要达到多少才能达成目标，这个是可以推算出来的。然后我就开始了忙碌的扩展流量生涯。还记得之前提到的"A+"吗？"A +"能直接看到流量来源和去向，可以在这里找合作伙伴呀！以前没有这个工具时，我和BI整理了2个月才能整理出这张表的口径和维度。我发现，聚划算、试用、天天特价、淘客都能给我带来不错的流量，要去巩固和加强这些渠道，比如多争取一个焦点图和一个区块、定制一个酒店子频道。此处需要一些谈判技巧和"厚脸皮"，当然找到双赢的契合点是最重要的，不然也不能长久。

另外，在站外与目标人群聚集的论坛及App开展合作，如穷游网、马蜂窝。基于内容的合作一般都免费的，例如我给对方一手甚至独家的促销信息，对方也会提供最好的曝光位置。基于产品的合作就比较复杂且要产生费用了。这时候，我会拉上产品经理和阿里妈妈的同事去聊合作。例如在对方网站植入酒店搜索框和热门城市酒店TOP榜两个组件，比如在对方游记旁个性化植入文章中提到酒店的信息和购买按钮等，并按淘客结算；或者当这些论坛想要流量变现时，成为产品的供应商。

要提高人均间夜数这个指标，我们主要给卖家提供一些工具，例如连住优惠、连住打折、住N晚送1晚等工具。在营销活动上，我们继续连住优惠的思路，把“坑位”优先给能提供这些优惠的卖家。这些举措，让原本订一晚的客人，可能订两晚了。

这些做好了，剩下的就要每天看数据，看流量、看间夜数，久而久之，对数据的敏感也会培养起来。某天达到KPI时则会欣喜万分，这不是撞大运，而是运营实现的！

案例二：有一年，马云说要在阿里诞生一百万个百万卖家（年支付宝成交额超一百万元）。

分到我的酒店类目，就是要达到300个百万卖家。这时候卖家运营的工具就派上用场了。没有数据，根本不知道从何入手！我通过卖家云图里的指标组合筛选，筛选出一批潜力商家，再将他们分为头部和腰部卖家，头部卖家前一年就完成了百万元成交额，并且按目前增长率当年也有把握完成任务。所以只需要给他们提供一些个性化帮助就行了，具体来说我会发个调研表给他们，让他们反馈在哪些方面需要帮助。腰部卖家目前还没有实现百万元成交额，但是非常有潜力完成目标，是重点扶持目标。在流量有限的情况下，我会将流量倾斜给转化率高的商家，从而产生更大效益。那段时间，我感觉自己特别像是卖家的保姆，为他们精心准备课程，自己上阵或者联系讲师授课。卖家的每一点进步，我都为之喝彩！当时开展的课程有“聚划算报名指导”“预售、秒杀、试用、拍卖等营销工具的使用”“淘客、直通车、钻展入门”“如何获得免费流量”（当时鼓励卖家全网引流，淘宝成交，这是我专门整理的站外渠道）等。也是在那一年，我觉得“赋能”（enable）特别重要。个人的能力是有限的，要调动卖家积极性，帮他们找对路子，力气往一处使，这样才能取得更好的结果。

最后开展一些专题、促销活动。年度促销活动规划一般会包含几次大型活动（暑促、“双11”、年终促），再加上一月两次的日常促销活动和一月一次的专题活动。

以上经验，现在看来也许有点过时。但是读者应该能感受到，在阿里，业务和数据是走得非常近的，每一个KPI都可以被量化、被拆分。这些用于创业公司也是一样的，自家小数据比行业大数据更值得重视和利用。利用数据不是炫技，恰到好处最重要。

7.4　公司如何利用大数据

“很多人还没搞清楚什么是PC互联网时移动互联网来了，我们还没搞清楚移动互联的时候，大数据时代又来了。”

——马云

说到大数据，看上去好像很难懂，其实说白了就是很多很大的数据。大数据的英文是big data，很容易理解。大数据和以往数据最大的区别就是不用随机分析法（抽样调查），而是把所有数据进行分析处理。我们常常看到大数据、云计算、人工智能三者在一起出现，它们之间是什么关系呢？见下图。

互相成就的大数据、云计算和人工智能

云计算是“吻醒”大数据公主的王子。大数据一直都存在的，只是以前是沉睡的，大家不会用。大数据必须依托云计算来处理和存储数据。云计算让大数据有了能被使用的可能，而其中最耀眼的应用方向就是人工智能（简称AI）。人工智能之所以历经这么多年后终于大红大紫，原因归根于2006年出现的人工智能关键技术——“深度学习”，人工智能至此有了实用价值，而深度学习正是在云计算和大数据日趋成熟的背景下才取得的实质性进展。

所以，这三者是互相支持、密不可分的关系。

作为个人或者在创业公司的运营人员，我们自身没有能力创造大数据，那要怎样从行业中的大数据获益呢？事实上，有很多开放的大数据可以为我们所用。往往我们缺少的不是数据，而是一种数据意识。

互联网行业的大数据包含哪些数据

1. 用户行为数据（精准广告投放、内容推荐、行为习惯和喜好分析、产品

优化等）

2. 用户消费数据（精准营销、信用记录分析、活动促销、理财等）

3. 用户地理位置数据（O2O推广，商户推荐，交友推荐等）

4. 用户社交等UGC数据（趋势分析、流行元素分析、受欢迎程度分析、舆情监控分析、社会问题分析等）

这些数据大部分都掌握在BAT（百度、阿里和腾讯）手里（见下图），还有一部分是开放的，可以对外使用。

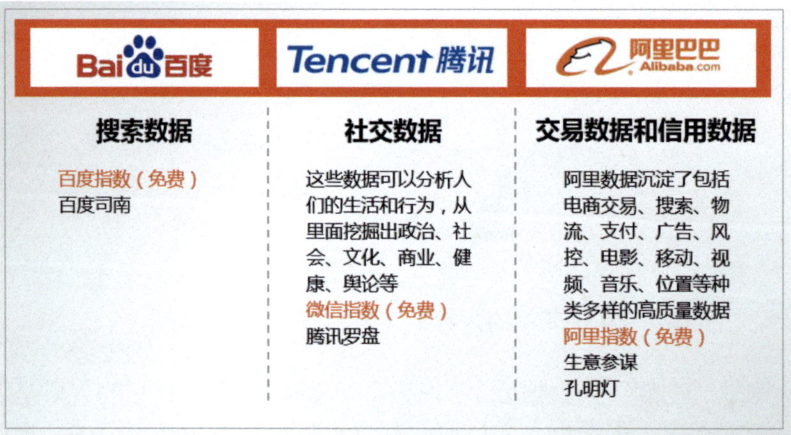

BAT 的大数据

百度有搜索方面的大数据，其中百度指数是免费对公众开放的，百度司南是2B（to business）的付费产品。百度指数是以百度海量网民行为数据为基础的数据分享平台。在这里，可以研究关键词搜索趋势、洞察网民需求变化、监测媒体舆情趋势，以及定位数字消费者特征。

例如某家做亲子旅行的公司，如果想开展针对小朋友及家庭的秋游活动，怎样精准获取最佳时间？去幼儿园做调研是一个效率很低的方法。那么可以在百度指数上搜索“秋游”这个词，以下就是搜索结果（见下图），从图中可以发现近三年来，10月第3周是一个秋游高峰，9月的第3周是一个秋游次高峰。所以可以在9月初开始宣传活动，做成持续一个月包含两个峰值的系列活动，也可以只做10月一次高峰活动。

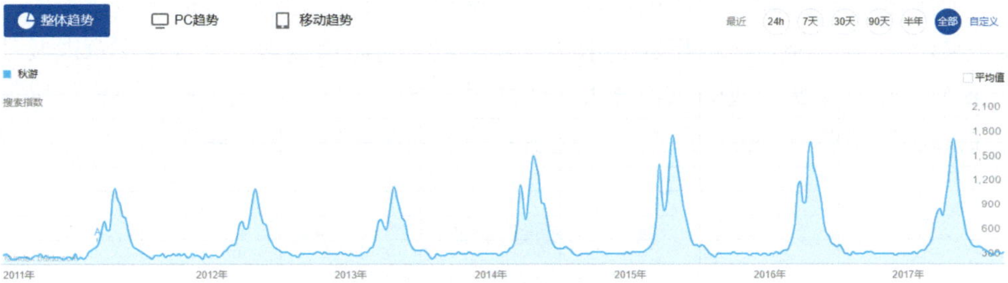

全国“秋游”搜索指数

如果在各地有分公司做落地活动，还想做得更精细化，可以怎么做呢？我们都知道各地风俗、南北差异会导致秋游的时间可能不一致，比如北方地区就会早一些，南方就会晚一些。那我们可以搜索单个省市的搜索指数，下面两图分别显示了上海和北京的搜索指数，可以看出上海比北京早一周举办秋游活动为宜。

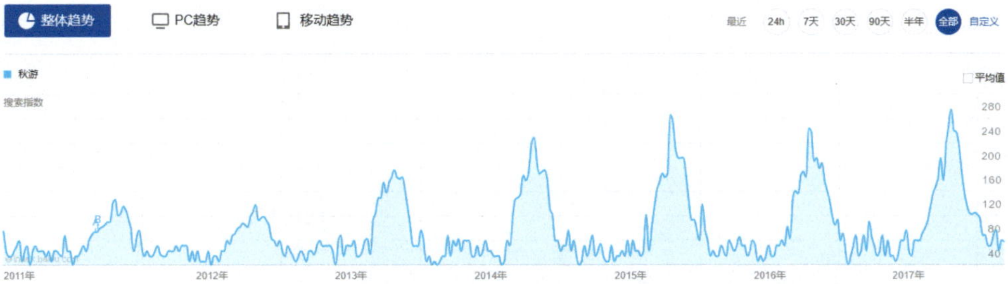

上海“秋游”搜索指数

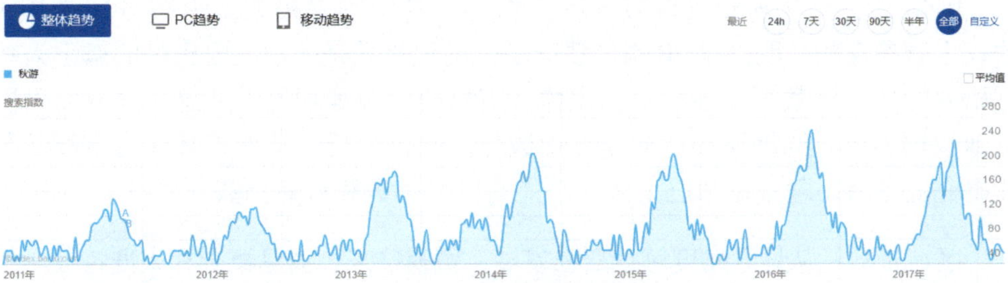

北京“秋游”搜索指数

百度指数的其他几个功能是需求图谱、资讯关注和人群画像，可以根据自己的需要加以使用。

腾讯有社交方面的大数据，其中微信指数是免费对公众开放的，腾讯罗盘则是to B的付费产品。微信指数显示的热度来源于对微信搜索、公众号文章以及朋友圈公开转发文章形成的综合分析。例如对于同一时间上映的电影，我们可以通过微信指数了解哪一部电影在微信里引发的关注度更高（见下图）。

在微信指数里搜两部电影的热度比较

阿里巴巴有交易和支付方面的大数据，其中阿里指数是免费对公众开放的，生意参谋和孔明灯是2B的付费产品。阿里指数是阿里巴巴出品的基于大数据研究的社会化数据展示平台，媒体、市场研究员等均可以从这里获取以阿里电商数据为核心的地域和行业角度指数化的数据分析，从而将其作为市场及行业研究的参考。阿里指数已上线的功能有区域指数和行业指数。

区域指数：从地区角度解读交易发展、贸易往来、商品概况和人群特征。例如想要了解浙江和四川两省的经济往来情况，四川销售了哪些商品到浙江，浙江销售了哪些商品到四川，如下图所示。

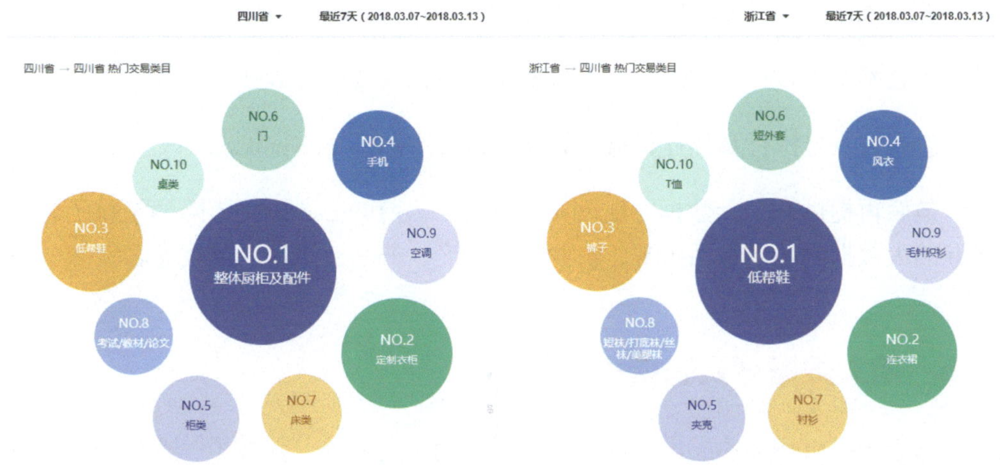

阿里指数里的区域指数

行业指数：从行业角度解读交易发展、地区发展、商品概况、人群特征。例如婚纱/旗袍/礼服行业的热门搜索词及涨跌幅，如果搜索的时候正值年会期间，所以晚礼服、礼服裙的搜索排行增长快（见下图）。在行业指数中，还能看到哪些地方的人买得多，哪些地方的人卖得多，从而形成买家和卖家的基本画像。例如在婚纱热卖地区中，江苏省遥遥领先，是因为苏州有很大规模的婚纱城。

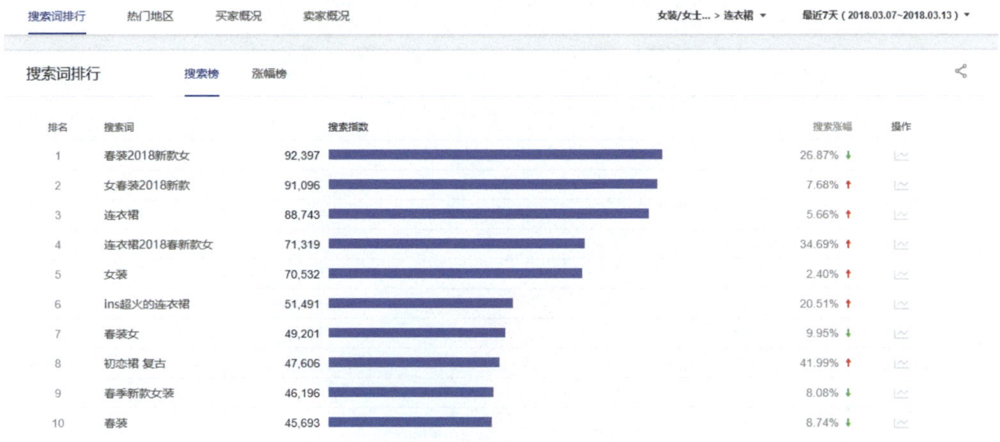

排名	搜索词	搜索指数	搜索涨幅	操作
1	春装2018新款女	92,397	26.87% ↓	
2	女春装2018新款	91,096	7.68% ↑	
3	连衣裙	88,743	5.66% ↑	
4	连衣裙2018春新款女	71,319	34.69% ↑	
5	女装	70,532	2.40% ↑	
6	ins超火的连衣裙	51,491	20.51% ↑	
7	春装女	49,201	9.95% ↓	
8	初恋裙 复古	47,606	41.99% ↑	
9	春季新款女装	46,196	8.08% ↓	
10	春装	45,693	8.74% ↓	

阿里指数里的行业指数

除了这三个比较常用且免费的大数据产品外，常用的还有以下工具。

查看App排行：ASO100　　https://aso100.com/rank

查看网站排行：Alexa　　http://www.alexa.cn/siterank

查看公众号排行及热点趋势：新榜　https://www.newrank.cn

最后再提供一个大数据导航网站：http://hao.199it.com/，该网站汇总了各行各业的大数据网站，包括旅游、农业、房地产、药品、汽车、游戏等。

7.5 用大数据做具有传播性的内容

基于天猫市场部的工作经历，除将数据用于运营外，我多了一个视角：如何将数据运用到品牌传播上。我发现品牌方都在不遗余力地想尽方法做活动、做事件、做内容，有时从自己的大数据里提取大众听得懂、感兴趣的内容，有可能成为传播量很大的话题，并且这是独有的话题。

例如在2017年“双11”全球狂欢节期间，“花季少女自爆‘双11’购物单，第一单竟是防脱发产品”成了网络热门话题。同期，阿里健康发布“拯救脱发趣味白皮书”，如下图所示。

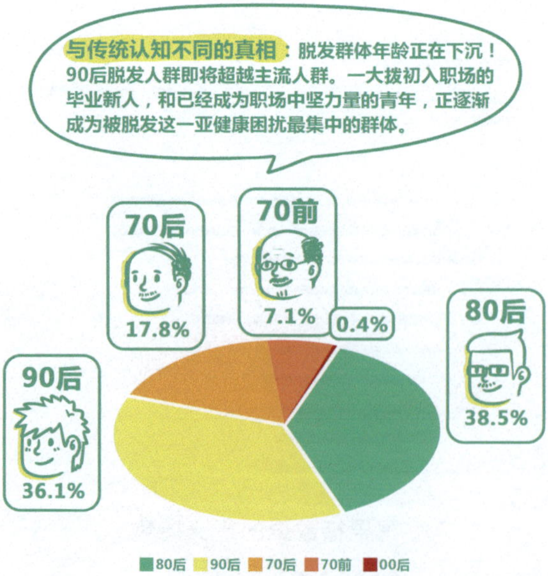

拯救脱发趣味白皮书

报告显示，在阿里零售平台购买植发、护发产品的消费者中，“90后”占比36.1%，即将赶超占比38.5%的“80后”，成为拥有脱发烦恼的主力军。于是，很多“90后”消费者开始自嘲，表示今年“双11”活动要囤防脱洗发水了。

这几年，阿里把数据用在传播上的案例中，最成功的莫过于“淘宝时光机”和“支付宝年度账单”（见下图）的两个H5。

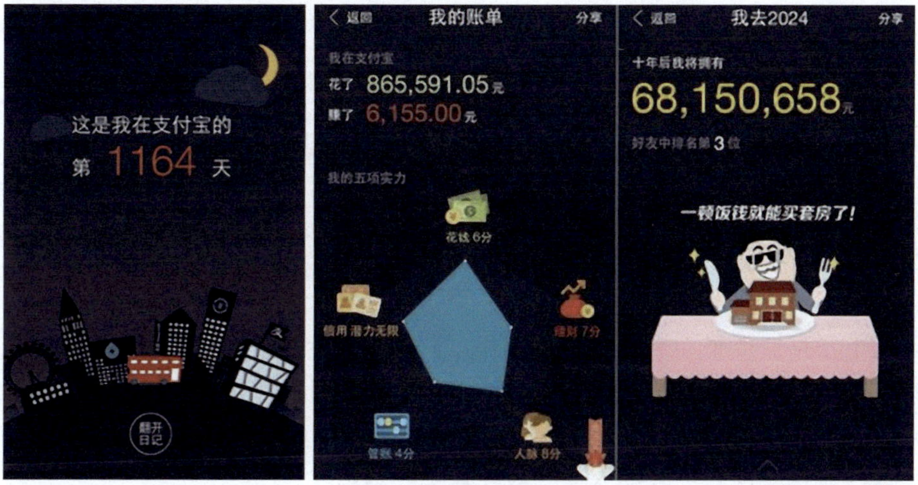

支付宝年度账单

天猫在把品牌口号升级为“理想生活上天猫”后，也用一系列大数据阐述了理想是什么：“人设自由”“无微不智”“独乐自在”“玩物立志”等，如下图所示。以前大部分时候都是品牌方阐述自己的主张，而通过数据则会发现天猫对理想生活的描述是有理有据的。

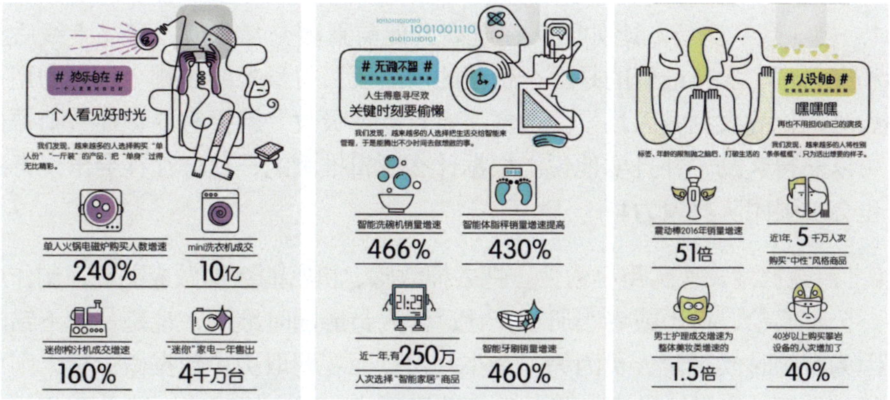

“理想生活上天猫”的部分数据化阐述

新美大等公司也有类似尝试，例如“蚝门盛宴——一千种灭绝丹麦生蚝的方法”（见下图），“吃货”们一定很喜欢。

新美大的“蚝门盛宴”

以上都是抓住了一个或者多个趣味点，而这背后最重要的就是对于某些人群的洞察。淘宝时光机抓住的点在于人们爱怀旧，支付宝账单抓住的点在于人们爱展示（不管是炫富还是哭穷），“90后脱发”抓住的点在于“90后”乐于自黑。有了这些洞察发现后，要提取这些数据其实并不难。

7.6 如何培养数据意识

就像“网感”或商业意识一样，数据也是一种意识，有的人天生就是要敏感些。怎样培养数据意识？日常中其实有很多小方法、小细节。

1. 趣味数字竞猜。比如团队在电商大促前猜测交易峰值，产品上线后猜测日活和交易额、卖得最好的是哪个价位的产品及买得最多的是哪个地区的用户，把枯燥难消化的数据融入场景。这样一点点渗透吸收，就更容易记住。猜得最准的人可以获得奖励，并且要他说出根据什么逻辑推测的，这样往往会出现奇思妙想，也会加强团队凝聚力！

2. 用数据做一些实用小物件。把去掉敏感、机密的数据做成图说，制作成海报、办公室墙绘、日历或者小册子，让运营人员能随时翻阅，也是一个不错的方法。因为有的时候运营人员因为一个小知识点而要调取历史数据做分析，则可能因为嫌麻烦而放弃做这件事。降低他们获取这些知识点的难度，请BI和相关部门提炼一些常用的、短期之内结论不容易变的数据结论做成随手可翻阅的小物件，可以使运营人员印象更加深刻。下图中一本当年被我翻烂的小册子，淘宝旅行（现“飞猪”）用研部门出品，包括淘宝旅行总用户的特征，以及分酒店、度假、门票用户的查询和购买行为。

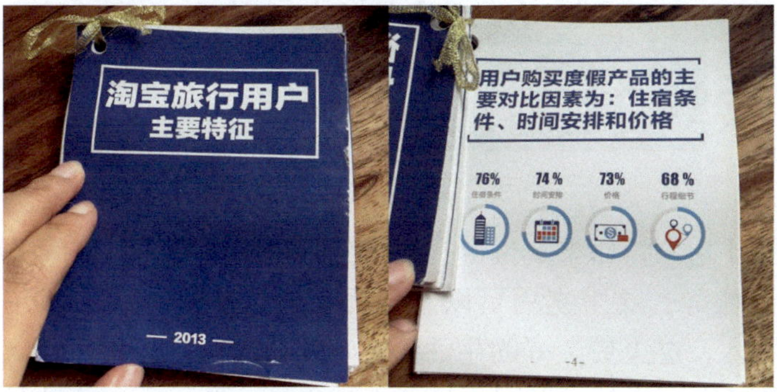

淘宝旅行用户主要特征手册

3. 时时刻刻用数据说话。随时约束自己，在会议、邮件、报告里能用具体数字的就不用模糊数字，包括“很多”“很大”“不少”“很小”等词语。学着把一些不易数据化的KPI数据化，例如“经常参与内部分享”变成“一个月参与两次内部分享”，把“品牌变得更时尚化”变成“客单价提升 ×%”“招募 × 位时尚达人”或“获得 × 家时尚媒体报道”等。

4. 看到任何数据时，不要妄下结论或者轻易相信，多问问自己背后是什么情况造成的，有没有其他的解读方法。没有对比的数字是没有意义的：跟自己比，可以找到同比、环比的数字；跟大盘比，也是非常重要的。例如虽然数据涨了20%，但大盘涨了30%，如果隐藏这一点的话，就会给人一种假象，实际上跑赢大盘才是真正的进步。另外，有的行业受季节或其他因素影响，存在异常点，那么需要剔除异常点进行分析。例如旅游黄金周、“双11”，如果把它们拿来当普通数据进行分析，就不太合理，可能掩盖一些问题。

7.7　思考：数据化运营如何让乞丐的生活更美好

马云在一次会议上讲了一个段子，“西湖边有个乞丐，面前放的不是钵也不是碗，而是一个收款二维码”（见下图）。一个乞丐的数据化运营之路开始了……

用二维码乞讨的乞丐

让我们展开想象，如果支付宝提供给乞丐向他转账的人的地理位置、时间分布、人群画像等，这个乞丐可以怎样优化自己的工作，怎样用更少的时间获得更高的收入，过上更美好的生活呢？这是一个开放性的问题，这里不做解答，感兴趣的读者可以把答案回复到“小马鱼”公众号后台（见下图）。

扫码关注“小马鱼”公众号

数据对每个人都是公平的，不管是乞丐，还是老总。如果打算在数据运营这条路上发展，本章的内容应该十分有用。如果想往数据分析师方向发展，则还需要学习数据可视化、SQL（一种数据库查询和程序设计语言）和Python（一种程序设计语言）。

08

第8章　如何进入互联网运营的世界

互联网本身是没有幸福感的，

但为了长久的幸福感，我们学习它，

而运营就是最好的切入点

在我的工作中，会遇到两类人，他们垂涎互联网行业却不知道从何下手。第一类是大学生，互联网对他们的吸引力是无数财富自由的故事、活力和自由，但是大学里并没有相关的课程；另外一类是在其他过了快速发展期的行业工作三五年后想要转型的人，互联网对他们的吸引力是持续的竞争力和良好的发展前景。但互联网行业人才竞争激烈，不甘愿和新人一个起步线，那么自己过去的工作经验里有哪些可以移植过来，形成自己独有的竞争力呢？希望这一章能为大家解答一些疑惑。不过，互联网行业最受欢迎的是产品岗位和运营岗位，这里从我自身出发，主要介绍运营岗位。

8.1　为什么运营是进入互联网行业最好的切入方式之一

首先，运营岗位的缺口很大，缺口来自创业热潮下雨后春笋般涌现的创业公司。一般一个产品至少搭配三位运营人员，才能启动起来。另外是很多传统企业都在进行“互联网+”转型，也会诞生很多运营岗位。

其次，运营人员的地位越来越高。产品和运营孰轻孰重，大家对这个问题有不同看法，但不得不承认在产品同质化的今天，能用技术和产品做的事已经被 BAT 及他们投资的公司做得差不多了，蚂蚁雄兵靠运营。而且流量红利已尽，企业更加追求精细化运营。这也使得运营人员从打杂的变得更有含金量。

再次，做运营工作，可以很快提升个人能力，变化的环境使得自己不得不突破舒适圈、升级迭代。这样的能力是可以带走的，而在其他行业其他岗位积累的一些关系、资源却未必能带走。

最后，运营人员极有可能运营个人品牌，实现价值变现。我认识一名旅游网红，她之前在一家旅游平台做KOL维护工作（属于用户运营范畴）。她在工作中认识了很多网红，找到了一些套路，并且发现自己也有一些相关特点，于是开始打造自己，现在已经是年入百万的旅游网红了。我的男闺蜜，同一届的携程管培生，现在也成了一名美食网红。运营一个产品和运营自身有很多共通之处，通过做个人品牌，不仅在行业内抬高自己的身价，而且想要做知识变现或是自由职业都会顺畅很多。

8.1.1 运营人的身价

再来看看薪资，下图显示了拉勾网汇总的2016年应届生平均薪资。

互联网	
公司名称	应届生平均薪资（元）
腾讯	12k×16~18k×16
阿里	13k×15~18k×15
百度	13k×14.6
美团	13k×15~16k×15
大众点评	13×14~16k×14
搜狗	13k×15~16k×15
奇虎360	13k×14~16k×14
去哪儿	13k×14~14k×14
网银在线	13k×14~14k×14

银行/法务/会计	
公司名称	应届生平均薪资（元）
德勤	6.5k×13~8.5k×13
普华永道	6.5k×13~8.5k×13
安永	6.5k×13~8.5k×13
毕马威	6.5k×13~8.5k×13
立信	5k×13~6.5k×13
瑞华	5k×13~7k×13
睿达中国	8k×13~9k×13
天职国际会计师事务所	5k×13~7k×13
南海农商银行	6k×13~8k×13
[illegible]	[illegible]

拉勾网统计的 2016 年应届生平均薪资（部分行业）

可以看到一线互联网公司的薪资十分诱人，超过了当时大家趋之若鹜、奉上神坛的四大会计师事务所、外资银行等。运营岗的薪资数据我没找到，仅以个人经验制成下图。接下来解答两个问题：毕业进入阿里或者创业公司，如果工作得不错，3年或5年后自己的薪资水平是什么样的状态；如果毕业第一年没去大公司，以后是否还有机会？

从此图中可以看出在毕业第三年、第五年创业公司的运营人员是有可能跳到阿里的，而阿里的运营人员也可能在第三年、第五年甚至之后往外跳到创业公司。但是阿里人往外跳的机会很多，创业公司的人往阿里跳却是百里挑一。首先，这家创业公司应该是阿里刚刚开始想要发力的那个领域。其次，是你在这方面已有的经验是可以直接迁移到阿里新事业部的，并且原先的公司在垂直领域是数一数二的。例如阿里近年来先后在旅行（飞猪）、物流（菜鸟）、健康（阿里健康）、影业（阿里影业）、移动办公（钉钉）、二手闲置交易（闲鱼）、新零售（盒马鲜生）等业务版块上发力。很多垂直行业里的人才通过这个契机跳到阿里，使得原本的技能搭上互联网的快车，职业生涯上了一个台阶。

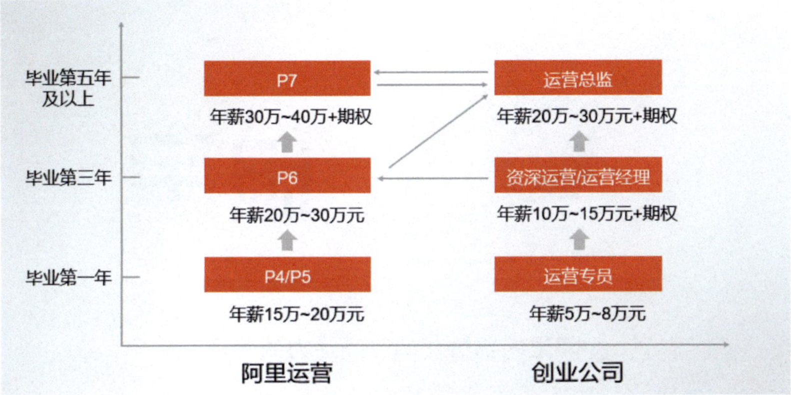

毕业后运营人员身价走势

8.1.2　五步框定理想的运营岗位

招聘市场上的运营岗位令人眼花缭乱，薪资从两三千元到两三万元的都有，行业也各不相同。怎样找到自己适合的方向呢？可以分五步来框定出一个理想的运营岗位。

第一步，选垂直行业。选行业的重要性，比选大学还重要！互联网公司按产品形态来分，会有资讯内容类、社交类、电商类、O2O类、游戏类和工具类。除此，互联网渗透进垂直细分行业，催生出很多小而美的“互联网+”公司，包括互联网+农业、互联网+旅行、互联网+医疗、互联网+教育、互联网+花木、互联网+餐饮、互联网+家装、互联网+金融，以及互联网+文创等多个行业。当互联网成为一种基础设施，如果只是想进互联网公司，那么范围太广了，想想自己是否对某个垂直细分行业特别感兴趣、有天赋。缩小范围，你完全有可能找到与自己契合的公司，那可能不比进大公司差。例如我一直对旅游行业情有独钟，前两份工作从携程到飞猪积累了非常多的行业经验，工作过程中也比较开心。如果自己本身就是产品的重度使用者，那么运营起来会轻松得多，也很容易和用户打成一片。如果不知道自己喜欢的领域里有哪些互联网公司，可以在ASO100和新榜上按分类查看。

第二步，选公司。很多人会纠结去大公司还是小公司：有的人怕沦为大公司里的“螺丝钉”而想去小公司历练，有的人怕小公司活不长而去大公司稳当地待着，其实这都是不全面的考虑。BAT是大公司，大而充满活力，不必对大公司有偏见，阿里有很多内部孵化的新项目，员工非常拼，机会也很多。

阿里内部孵化的充满活力的公司

值得让你纠结的是一线互联网公司还是高速发展的有潜力的创业公司。这两类公司确实比较难选，都属于第一等的公司。如果一定要选的话，我觉得在职业生涯中没去过前者的遗憾会更大，而且错过了校招，去前者的概率就更小了。从前者跳槽到后者的选择权会大一些，所以我首推的还是一线互联网公司。怎么知道哪些是一线互联网公司呢？每年中国互联网协会和工信部会联合发布“中国互联网企业100强”榜单（见下图），上榜的都是排得上号的互联网公司。怎样知道某家创业公司是否有潜力？可以从它的创始团队及融资情况看出一二。

排名	中文名称	企业简称	主要品牌
1	深圳市腾讯计算机系统有限公司	腾讯	微信、QQ、腾讯网、腾讯游戏
2	阿里巴巴集团	阿里巴巴	淘宝、天猫、优酷、土豆
3	百度公司	百度	百度、爱奇艺
4	京东集团	京东	京东商城、京东金融
5	网易集团	网易	网易、有道
6	新浪公司	新浪	新浪网、微博
7	搜狐集团	搜狐	搜狐、搜狗、畅游
8	北京三快科技有限公司	美团点评	美团、大众点评
9	携程计算机技术（上海）有限公司	携程旅行网	携程旅行网、途风旅行网
10	三六零科技股份有限公司	三六零	360安全卫士
11	小米通讯技术有限公司	小米	小米、MIUI系统、小米商城、米家
12	苏宁控股集团	苏宁控股	苏宁易购、苏宁金融、苏宁文创

2017年“中国互联网企业100强”榜单

第三步，选岗位。公司和岗位的关系很像大学和专业的关系，而选大学还是选专业一直是经久不衰的争论点。每类公司都有自己的优势岗位，选择这些岗位的竞争力会更大。怎样判断某岗位是否是公司的优势岗位呢？一看是否是公司已有经验积淀最多、成为行业标杆的岗位，例如淘宝的类目运营、卖家运营和活动运营，而内容运营和用户运营是新兴岗位，需要外部力量补充，自身没有太多积淀的经验反哺给新人；二看该岗位是否含有公司最赖以生存的竞争力，比如小红书是靠内容和社区起家的，它的这两类岗位就比闲鱼同样的岗位有竞争力。最后还可以问问业内人士或者已经进入公司的前辈。随着时间的推移，各个岗位也会动态变化，原先的优势岗位可能会没落，新兴岗位也许会逐渐形成竞争力。随时保持进取的状态，才不会落伍。

第四步，选团队。应聘也要看团队，特别是创业公司，团队决定公司走得远不远。一看团队基因：电商基因还是社交基因？to B还是to C？百度系、阿里系，还是腾讯系？是不是做着自己擅长并热爱的事？二看领导层：老板和核心管理人员是否为一线互联网公司出身？是否有人格魅力能笼络一群优秀的人才？想去的部门是否有独当一面的领导可以带队？三看价值观，这看起来有些抽象，但也很重要，不然为了结果可能会被迫做出违背自己价值观的事。价值观底线至少是不作恶、初心向善、为用户创造价值。

第五步，选薪资。如果前面的几项都比较满意，那薪资一般不会差。一般公司对应届毕业生的工资都是确定好的，没有谈判的余地；但是在创业公司可以谈薪资。如果有几年的工作经验，也可以在一定范围内和公司谈薪资。谈钱不伤感情，钱让人有更多的长见识、充电学习、社交的机会，对工作是有益的。怕就怕在谈的时候没在意，工作的时候又觉得为这点工资不值，从而放松懈怠自己。老板一定是在员工达到更高的水平才会涨工资，而不是涨工资后再等员工成长。另外，如果还在实习阶段，那么实习工资低点没关系，这段经历其实是块敲门砖。以我的经历而言，带一个新人是很累的，比自己做事还累。

8.1.3　用数据化思维选工作

手里有几个工作机会却不知道如何选择？打分！打分表如下图所示。

在下图所示的表中，把在意的和择业相关的因子放在第一行，第一列放置几个工作机会选项，在空格里按1~5分为不同的因子打分。如果每个因子对自己的重要性一样，就直接求和，按常理而言，总分最高的就是最正确的选择。如果因子之间有不同的权重，就可以加权求和。早期淘宝在给卖家和商品排序时也是遵循这样的逻辑。看，职业生涯规划也能用上数据运营的思维！

选项	公司	岗位	团队	薪资	城市吸引度	家庭爱情	……	总分
Offer1								
Offer2								
Offer3								

工作机会打分表

8.2 大学生如何备战运营岗

8.2.1 锚定岗位

运营四项思维里有一个是精细化思维，而有的人一份简历走天下，明显就是没有用到精细化思维。如果你的简历看起来与1000个岗位匹配度都很一般，倒不如让简历看起来与10个岗位非常匹配，与其他990个岗位非常不匹配。每个人都是有定位的，每个岗位也是有定位的。忽视其中的契合度，只求勉强合格，是对自己和对公司的不负责任。所以建议大家学会看岗位描述，里面藏着很多的信息。每一类运营岗的岗位描述都会有一些共同点和差异点，找出自己身上的特点，明显地呈现出来，让人一眼就觉得“就是你了”！

下面我们来看几类常见运营岗的岗位描述。

- **某内容运营的岗位描述及要求分析**

职位职责：

1. 对产品品牌形象负责，负责工具类产品官方微博、微信的运营与管理；
2. 负责工具类产品品牌营销活动及日常传播规划、创意策划和执行。

职位要求：

1. 学历本科及以上；
2. 有互联网文案＆自媒体运营经验，文字基础扎实，熟悉工具类产品运营方式为加分项；
3. 有较好的数据分析能力，对市场类合作资源投放转化效果敏感；
4. 脑洞大，爱追热点；
5. 有海外产品工作经验为加分项。

共同点：微博、微信运营；品牌营销、日常传播；文案和自媒体，对“热点”敏感；数据分析，投放转化。

差异点：工具类产品、海外产品。

- **某用户运营的岗位解读及要求分析**

职位描述：
1．参与用户运营工作，关注理财相关热点话题，收集素材发布内容专题，App 和微信的内容更新和维护；
2．学习个性化、精细化运营，跟踪、收集并整理用户反馈，梳理并满足用户需求，负责微信群、贴吧、QQ 群粉丝互动和维护；
3．参与策划及执行线上用户活动，分析活动数据并进行优化，提高用户黏性；
4．负责调研市场运营动态，挖掘竞品数据和特色，撰写产品运营竞品分析报告。

实习要求：
1．大三以上或硕士在读生，踏实，有责任心，逻辑清晰；
2．每周工作 4 天以上，实习时间大于 3 个月；
3．沟通表达能力和抗压能力较强，具备较强的文案策划能力、表达能力，有良好的团队合作能力；
4．具有用户服务意识，善于发现用户需求，正确引导用户；
5．充满好奇心，喜欢一切新鲜好玩的事情；
6．具备 Word 和 Excel 使用能力，有一定 PS 基础的优先；
7．有线上推广经验、用户运营经验、新媒体账号运营经验优先。

共同点：搜集素材，在微信群、贴吧和QQ群与粉丝互动；用户活动；调研，竞品分析；沟通，写文案，抗压，有服务意识。

差异点：相关的理财和线上推广经验、新媒体运营经验。

- **某活动运营的岗位解读及要求分析**

工作职责：
1．负责策划及执行哔哩哔哩直播的运营活动，包含活动策划，方案编写，需求沟通，上线及后续跟进总结等。
2．对活动进行跟踪和监督，并进行总结及改进，对接公司内外相关产品、相关部门的运营活动合作。
3．负责监测、搜集、整理和分析各种市场信息及竞争对手活动，及时了解和总结市场反馈。
4．根据用户反馈及对产品的了解，提出新的想法及活动方案。
职位要求：
1．本科以上学历，对直播行业有一定的了解，有相关行业经验者优先。
2．能够熟练地使用 Office 等办公软件。
3．对二次元文化、哔哩哔哩文化有一定程度的了解。
4．有较强的沟通能力，能与活动各个联动方进行良好沟通并推进项目发展。
5．有很强的责任心和使命感，能独立开展工作、具备团队合作精神，能够承受较强的工作压力。

共同点：策划活动、方案撰写、需求沟通、上线及总结；竞对分析；沟通联动、抗压。

差异点：直播行业、二次元文化。

- **某商家运营的岗位解读及要求分析**

职位描述：
作为商家运营，在达达—京东到家你每天将：
1. 整合商家及内部资源，根据顾客需求及KA客户的特点策划线上营销活动，提升商户线上销售额；
2. 研究KA客户的流量、用户、销售、商品等数据，提升线上运营效率；
3. 利用数据和产品为支撑，持续优化客户线下门店运营及商品运营的效率，促进线上线下一体化；
4. 谈判协调客户与城市的问题解决。
我们希望你：
1. 具有敏锐的商业洞察力和较强的逻辑思维能力；
2. 思维活跃，敢于创新；
3. 性格外向干练，善于与人沟通。

共同点：KA运营、整合资源、策划线上营销活动、提升商户销售额、线上运营效率、谈判协调。

差异点：线下门店运营及商品运营效率、线上线下一体化。

综上所述，求职时至少要针对某类运营岗准备一份简历，简历中包含证明自己能胜任这类岗位的“共同点”的案例。更极致的做法是，若有能满足岗位“差异点”的案例或性格特征，在每次投递简历前，将相关文字添加到最显眼的位置，或在邮件正文里着重说明，这样成功的可能性更大。

8.2.2 简历技巧

案例！细节！数据！

最重要的技巧就在这3个词里了。

首先讲解案例。有哪些适合大学生写的案例呢？这里列举一些比较有价值且可实现的案例。

内容运营：有编辑校报、文学类社团经历；在知乎或其他论坛发帖关注量很高，甚至成了小达人；某公司新媒体实习经验；自己或者和朋友做了微信公众号或头条号获得了小范围关注；兼职中帮商户写软文……

活动运营：有学生会外联部、社团活动经历；校内外公益组织志愿者或活动策划执行经历；某品牌校园大使，帮助品牌在学校做落地活动，并有一定的转化效果……

用户运营：负责某公司校园代理团队搭建；某公司社群实习经历；在某个兴趣爱好领域有一定的号召力，甚至成为KOL……

运营管培生（有的公司进去时不分具体的岗位，培训一段时间后再定岗。这类岗位一般要求综合素质很强，有一定的领导力和个人魅力）：学生会主席、社团领袖、国际交流活动、创新创业竞赛获奖者……

其次是细节。**细节是什么？细节代表着真实。**与其说自己做过10个案例，每个案例一笔带过，倒不如用更多笔墨描述其中最有亮点的两三个案例。

最后是数据。**数据是指什么？数据代表着说服力。**每个案例中都要有数据。在第7章曾讲过，一个绝对的数据是没有任何意义的，要拿它和以前的数据比、和对手比、和目标比。比如运营一个有200名粉丝的微信公众号，看起来微不足道，但是可以小见大提到其中一篇达到几千甚至上万次的阅读量，或者在知乎上的某个回答获得了几百人次点赞。像以下这位同学在知乎上“2017年双11有哪些值得购买的商品？”的回答获得了不少“赞”（见下图），这就适合作为电商类网站内容运营的案例。

一位学生在知乎上的精彩回答

如果没有案例怎么办？

这是一件令人非常沮丧的事，机会总是给那20%有所准备的人。临时抱佛脚，效果也许有限，但也总归能弥补一些不足。意识到自己的不足就尽快在短时间内补上。一方面可以从上面提到的案例中找出最可行的，实现其中的某几个案例。还可以组个小团队一起达成目标，这是团队每个人都能共享的案例。一个人单打独斗确实很难做出效果。下图中描述的是一位同学在组团队做微信公众号，并设立了清晰的目标。

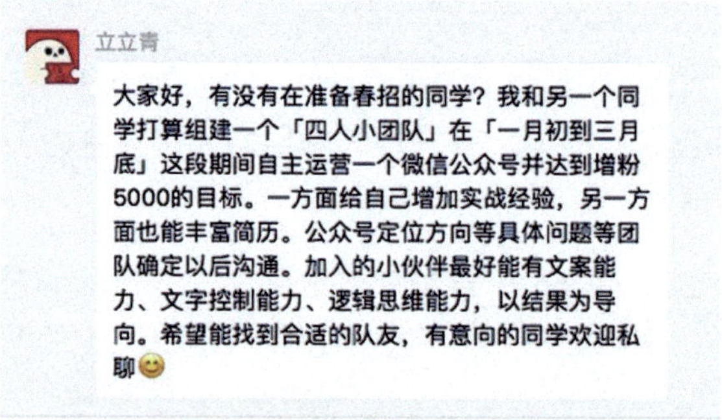

某同学在微信群里召集队友做微信公众号

另一方面则要表现出持续学习的态度和努力，让别人看到自己的潜质。例如一位同学在决定从事互联网运营之后做了这些事，并将其罗列在简历的“个人评价”一栏里（见下图），这么做还是很有说服力的，目前他已入职百度。

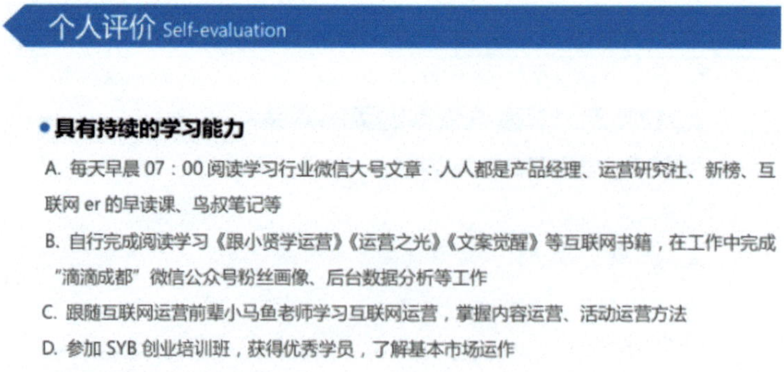

个人评价 Self-evaluation

- **具有持续的学习能力**

A. 每天早晨 07：00 阅读学习行业微信大号文章：人人都是产品经理、运营研究社、新榜、互联网 er 的早读课、鸟叔笔记等

B. 自行完成阅读学习《跟小贤学运营》《运营之光》《文案觉醒》等互联网书籍，在工作中完成“滴滴成都”微信公众号粉丝画像、后台数据分析等工作

C. 跟随互联网运营前辈小马鱼老师学习互联网运营，掌握内容运营、活动运营方法

D. 参加 SYB 创业培训班，获得优秀学员，了解基本市场运作

图 8.8　某同学简历截图

自测作业：用一两个案例说明自己适合做什么类型的运营工作。

作业要求：案例直接为 ×× 运营服务，有细节，有数据。

8.2.3　笔试技巧

近年来互联网公司的笔试题目都很充满想象力，难度比较高，创新性很强。

许多题，我们这些工作好几年的人都常常答不上来。其实笔试题本没有正确答案，只是希望从中看到应聘者的逻辑、知识面和创意。

运营岗笔试中的几类常见问题。

- **第一类：关于公司创新业务。**例如将共享单车和电商场景结合，设计一个运营方案；设计一款“00后”知识付费产品。
- **第二类：关于行业。**例如知乎、今日头条、微信公号在社交传播上的区别与优劣势；从用户角度，谈谈天猫、京东自营、网易严选和小红书的区别；共享经济的好处和坏处。
- **第三类：关于自己的案例描述。**例如分别介绍自己通过努力取得结果的案例，以及促成别人取得结果；你觉得自己是互联网达人吗？为什么？请结合具体数据和案例来展示；和同龄人相比，你身上最突出的特点是什么？你的同学和老师是怎样评价你的？

答题思路

- 先把结构搭起来，一般都是总分总。
- 填充答案，站在出题者的角度倒推他是想考什么，答到点子上。
- 鼓励多用一些术语、行话、专有词汇等看起来比较专业的词语。这有点像高考答政治题，要踩得分点。

平时的积累和准备

- 笔试前大量阅读相关资料，熟悉应聘公司及竞争对手官网，查阅最近半年来和公司相关的财经媒体报道（如虎嗅、36氪）、官方渠道报道及知乎上的优秀回答。
- 遇到有启发的内容随时截图或复制到手机记事本上（比如最新战略和竞争对手之间的差异化）。
- 常常考自己，自问自答。纵向考，对这个产品的深度剖析；横向考，存在哪些竞品，各自有哪些优缺点。

自测作业：参照运营岗笔试常见问题，结合自己应聘的公司给自己出道题。

作业要求：先列提纲，再作答，可以搜索相关资料。

8.2.4 面试技巧

面试前的准备：了解文化。

假设要去阿里，那么需要了解阿里的人才观，这时候应该看官方报道而不是论坛、贴吧。彭蕾（阿里巴巴集团创始人之一，蚂蚁金服董事长，历任CPO，即首席人才官）在一次演讲中就说到阿里的人才观如下。

聪明：专业的能力和开放的思维，智商与情商都高；

皮实：经得起折腾，“棒杀”和“捧杀”都没关系，能抗压不骄傲；

乐观：充分客观理性了解当下真实情况之后仍充满好奇心和乐趣，爱折腾；

自省：经常反省自身，不自大傲慢。

面试常见问题如下。

基础问题

1. 介绍一下你自己。
2. 为什么想做运营？你对运营是怎样理解的？
3. 你个人想做什么方向的运营，为什么？
4. 你认为什么样的运营才算成功？

工作/实习经历描述

1. 试着描述一个典型的工作周/日。
2. 讲述学校里或实习中最大的一次挑战及应对。
3. 讲述一段最失败的经历，总结从中得到的教训。
4. 哪一段实习经历/工作经历让你最有收获，为什么？

自我认知及职业规划

1. 你的职业规划是什么？为什么想进大公司/小公司？

2. 你认为产品和运营的关系是什么？

3. 你为做运营都做了哪些准备？

4. 和同龄人相比，自己最突出的特点是什么？请用数据或事例加以描述。

5. 同时有几个工作机会会怎么选择？

活动运营

1. 举个例子，利用线上、线下资源参与或主导的一个活动。你在其中充当什么角色？遇到什么困难？怎样应对？最后要达到什么结果？

2. 你怎样看待 ×× 活动，活动的缺点/优点是什么？

3. 给 ×× 产品做一个校园推广方案，增加新用户。该方案包括行动计划、收益成本、效果衡量及人员安排等。

内容运营

1. 分析微博、微信、今日头条各自的特征，以及它们分别适合什么类型的品牌或内容。

2. 平时有玩得比较多的论坛、贴吧或App吗？是什么吸引的你？

3. 你关注了哪些微信公众号？我们这个圈子里的微信公众号，你觉得有哪些做得比较好？

4. 自己做过公众号吗？该微信公众号的定位、优势及劣势是什么？

用户运营

1. 你觉得我们的用户是什么样的人群？他们会用什么App，会买哪些品牌，以及会在哪些场所出入？

2. 我们获取种子用户精准高效的渠道是什么？

3. 如果让你来维护我们的粉丝群，你会做些什么让这个群保持活跃？

数据运营

假设百度文库有个重要的指标“用户阅读体验满意度”，试着分析这个指标应该考虑哪些因素，如何衡量？（最好能用一个简单的公式来表示）

最后一个问题：你还有什么问题要问？

很多应聘者往往觉得最后一个问题最难回答，这可是一个很有可能加分、给面试画上圆满句号的环节。需要提醒的是，这个环节不要轻易和老板谈战略！

无功无过型提问

问：薪资、工作内容、工作时间等是什么？

通用型提问

问：公司未来的培训计划、学习资源、对新员工的培训计划是什么？

问：是否有机会接触到一线销售、产品经理？

问：所在部门的组织架构是什么？

问：公司的未来规划，所在部门在其中充当的角色和位置是什么？

情怀型提问

问：是什么吸引您在公司待那么久？是什么驱使您创业？

面试细节

形象和行业匹配：面试美妆行业总要画个精致的妆吧，面试服饰类目总要在穿着上显得很会搭配吧，面试旅行、户外、体育行业总要充满活力吧。

气场：平等自信、淡定从容。

说话说到点子上：有逻辑，总分总，结束时点题。

超出预期：总是比面试官要的多想一步。例如预料到面试官会看微信公众号或某篇推文链接。提前准备好，不要到时候手忙脚乱地找。

素质：从一进公司开始，每个人都可能是考官，自然流露出高素质，彬彬有礼，乐于助人。

自测作业：给自己设置两道面试题，对着镜子说出答案。

作业要求：注意语气、表情、逻辑。

其他 Tip

如今，找工作的方向越来越垂直。例如互联网人才，可以多关注拉勾网；中高端人才，可以多关注猎聘；和老板直聊，可以多关注Boss直聘；如果想私下和老板或者是高端人才经理沟通，可以多用脉脉和LinkedIn；多利用学长、学姐及群成员的内推机会。

8.3 传统行业人员如何转型做互联网运营

事实上传统行业人员转型做互联网运营是很有希望的一件事。因为互联网正在成为水电气一样的基础设施，因此必须和实体行业结合才能产生更大的商业价值。

第一种情况是进入BAT这样的大平台。早期淘宝的运营人员懂电商就行了，近年来，高层要求要运营人员深入行业并且挖了很多行业内资深人士过来。花木行业算是传统行业了。我认识一个从花木行业转行到淘宝鲜花园艺类目做运营的“小二”夜昭（花名），他在品类的发展、商家沟通、规则设立上，都发挥着自己独有的价值。据夜昭介绍，电商“小二”更多是根据数据来判断，但这样可能导致错过行业内的细分市场机会，需要更有经验的垂直行业人更敏感地判断并引导培育市场成长。夜昭到淘宝之后，做了很多细节工作来保证鲜花园艺类目的健康发展，如拆分原有的二级类目，将多肉植物从原有绿植中拆出，独立、精准运营；完善后台的属性，增加种球周长、植物盆径、高度等元素；开展扶优打假，比如对蓝色妖姬玫瑰种苗、蓝色蝴蝶兰等现实不存在的植物品种进行查杀，对种子、种球和果树类目进行资质准入；挖掘更多细分市场，如园艺培训、园艺空间服务等。他和商家有着更密切的接触，并且清楚线下商家在线上发展的痛点，于是利用空余时间做了自己的微信公众号“夜昭叔的园艺情报志”，给自己类目的卖家输送电商知识。

家电行业、旅行行业、生鲜行业也是如此，来自线下的专家可能会通过重塑供应链，给淘宝、天猫带来新的增长点和很多新的玩法。之前淘宝有个“质造”频道，里面的商品来自给国际知名品牌做代工的厂家的品牌，就是说花很少的钱就能买到不输于国际大牌品质的商品。再比如，以前家电品牌商很难处理天猫平台和线下渠道商的价格矛盾，现在很多品牌有了电商专供的生产线，让线上用户买到了价廉物美的好商品，同时不损伤线下渠道商的利益。这些触及供应链的做法都说明淘宝、天猫不仅仅是一个卖货的平台了，它们还可以帮商家改造供应链。正因如此，需要更多更懂行业的人加入。

第二种情况是进入像“东家”App这样的垂直电商平台。“东家”是我离开阿里之后去的创业公司，是做匠人手工艺品的电商平台。他们要求运营人员懂工艺，包括茶器、汉服、珠宝首饰和文房等，还需要懂艺术品拍卖。“东家”甚至有专门派驻到景德镇寻找和挖掘瓷器方面的城市合伙人。这些人才在电商领域是很难找的，大量吸收了一批文创、艺术品行业的人。

第三种情况是转入现公司的互联网相关部门。如果所在的公司有成立互联网事业部或者线上营销部门、电商部门的想法，那么可以抓住机会内部转岗，这样的损耗会更小。我妹妹在招商银行做客服，这是一个很容易看到天花板的岗位。她告诉我银行内部在选拔会写作的客服产出内容，做内容营销。我觉得这是一个很好的机会，值得一试。既没有离开大平台，薪资没有波动，又发展了自己的另一项技能，而且这项技能是比原有的客服技能更有前景的。

想转型的人很多，但不是每一个传统行业的人都能转型成功，其中有哪些奥秘？你可以做哪些准备呢？

找到自己现有的核心技能和资源中与某种互联网运营岗相似的方面。假如在医药行业做BD，要么去互联网+医药的公司做运营，要么去其他行业做BD，不要医药（行业）和BD（岗位）两项都改变，这样两条腿都是悬空的，非常危险。另外，多看一些互联网行业观察的微信公众号文章、书籍，有针对性地强化专有术语，了解含义与运用场景；此外，扩散思维而不是自我限制、把自己困在垂直领域，多与互联网行业人士碰撞想法。即便进入了互联网公司，依然不能松懈。夜昭说：“持续学习与抗压能力是必须具备的，我刚进公司时连PV、UV是什么都不知道，开会看着一帮大咖滔滔不绝却不知道他们在说什么。但事后还是把他们说的话都记下来，慢慢地查阅以及向同事请教。因为没有任何人有义务教你，所以要谦虚。在自己力所能及的范围内查询都无果的情况下，再去问别人。我还仔细研究了淘宝大学的全部内容，渐渐跟上了队伍。”

8.4 从菜鸟到资深，我的成长秘籍

下面简单讲解我个人从运营菜鸟到资深运营的特征表现。

菜鸟时的我：

没有气场，没有说服力；看不到全局，只看得到表面和单点；做事没有节奏感；技能单一，手足无措。

资深时的我：

自信，会整合资源，为我所用；敢于拒绝，知道不做什么，聚焦什么；把握全局和节奏，预判投入和产出；技能多样，手法多变，会灵活组合目标。

或许现在所有不好的感觉都是正常的，或许正走在成长的路上，只是量变还没引起质变，给成长一些时间。

以下是我的成长秘籍。

8.4.1　冲破舒适区，保持旺盛的学习能力

我在携程做得顺手时跳到更有挑战的飞猪，在飞猪做得顺手时跳到更有挑战的天猫市场部。我知道自己不是来混日子的，我在公司的每一天都要有成长，不然我就会离开。转岗影响晋升，但我更关心的是尽早获得离开平台后足够用的能力结构，薪资和层级是次要考虑的因素。我知道自己生性爱好自由，不会在大平台待太久。

8.4.2　拥有让别人倾囊相授的能力

这个世界变化太快了，有能力的人愿意带你、提携你，是最高效的获取知识的渠道。这比看书、听课都有用得多。我一路走来得到直接领导、师兄、其他部门前辈的很多帮助。那么如何获得这项能力呢？首先，心怀感恩，没有人愿意带一个没有感恩心的人；找到你们之间的联系，或许是老乡，或许是有某种共同爱好，或许是前辈在你身上看到了他当年努力的样子；价值交换，一方索取一方付出的社交是不平等、不长久的，你应该尽量为对方创造价值，看看自己有什么力所能及可以帮忙去做的，要是你真的一点“利用价值”都没有，那你们之间段位差距太大，或许是时候付费学习了；付费学习，帮你拉近了和大咖之间的距离，如果你能成为他的一个优秀案例，那你肯定有机会和他进行紧密接触；最后，做别人想成为但迫于某种世俗压力做不了的KBL（Key Behavior Leader，关键行为领袖）。这一点比较特殊，对我是尤其有用的。KBL，就是说你做了别人不敢做

的事。很多前辈愿意和我交心、成为朋友，是因为他们在我身上看不到浮躁、拜金和急功近利，看到的更多的是平和、诗意，他们羡慕我的洒脱，仿佛在替他们实现一条自由之路，诠释了互联网人的另一种活法。

8.4.3 打造个人品牌

阿里人常常加班，越是忙，我越是挤出很多时间做自己想做的事，实现公私时间的相对平衡。找到生活的节奏感。否则会有被工作绑架的无力感。别人休息时，我在跨部门找人聊天、吃饭、知识互换；别人下班时，我看内网学习资料、听讲座；别人睡觉时，我在打理淘宝城的菜园、学习瑜伽、跳舞。此外，每个周末会我都有半天时间在省图书馆看书，会有一天的时间和公司以外有趣的人交流、做线下活动等。我有个标签——#在阿里有地的女孩#，在同事眼里，我是个热爱田园、热爱旅行、社交圈很广的人。这样，个人辨识度和跨界渐渐就做起来了。再后来通过写文章、做线下分享嘉宾、线上课输出价值观。渐渐形成个人品牌后，更容易去结识大咖、拿到机会、找到人脉、获得资源。

8.5 未来几年，什么样的运营人最受欢迎

虽说运营是一个长期热门的岗位，但须知不是所有运营人员都能提高身价，实现价值。一个残酷的现实是，人工智能的运用正在替代大量基础运营人员的工作。那么未来几年，什么样的运营人最受欢迎（见下图）？

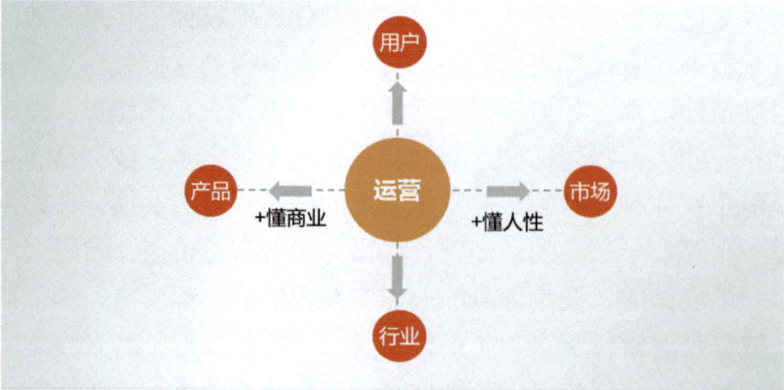

受欢迎的运营人发展方向

- **懂产品和市场。**产品和市场是运营人员打交道最多的两个部门，不只是

对接好，还要有他们的思维，能站在他们的角度看问题，了解他们的一些基本工作。比如学习产品经理的MVP（最小可行性产品）思维、迭代思维、逻辑思维，了解市场部的用户洞察、广告投放、媒体合作。复合型的能力模型更不容易被机器替代。

- **懂行业。**选择一个朝阳行业（至少不是夕阳行业），做有时间复利的事。深入行业，知道其中的潜规则、动态和发展，和行业内的KA商家、领军品牌保持关系，拥有圈子和人脉。提出的运营方案是为该行业量身定做的，而不是放之四海而皆准的，不做泛场景的无差别运营。
- **懂用户。**最好自己就是运营产品的重度使用用户，能和用户打成一片，对用户的洞察很敏锐，甚至成为该圈子中的KOL。前段时间，淘宝发布的资深用研专员岗位引起人们广泛围观，开价35~40万元年薪，寻找60岁以上的中老年用户群体KOL（见下图）。随着“银发经济”的兴起，懂用户的运营可能越老越吃香。

Alibaba Group 阿里巴巴集团　首 页　社会招聘　校园招聘　个人中心

淘宝-资深用研专员

发布时间：	2018-01-17	工作地点：	杭州市	工作年限：	三年以上
所属部门：	淘宝	学　历：	其它	招聘人数：	2

岗位描述：
年薪：35-40万
1、以中老年群体视角出发，深度体验“亲情版”手淘产品，发现问题并反馈问题

2、定期组织座谈或小课堂，发动身边的中老年人反馈“亲情版”手淘使用体验

3、通过问卷调查、访谈等形式反馈中老年群体对产品的体验情况、用户需求
岗位背景介绍：
淘宝将全面围绕中老年消费群体的场景和需求定制新的亲情版本体验，并打通家人之间的互动，运用精准运营实
更加立体、复合的千人千面

岗位要求：
1、60岁以上，学历不限，工作背景不限；与子女关系融洽；

2、有稳定的中老年群体圈子，在群体中有较大影响力（广场舞KOL、社区居委会成员优先）；

3、需有1年以上网购经验，3年网购经验者优先；

4、爱好阅读心理学、社会学等书籍内容者优先；热衷于公益事业、社区事业者优先；

5、有良好沟通能力、善于换位思考、能够准确把握用户感受，并快速定位问题

淘宝资深用研专员招聘

- **懂人性。**运营就是直面人的七情六欲。用户天生善变，喜新厌旧，并且对商品感兴趣的时间越来越短，追逐热点、遵循套路会让人疲惫不堪，且收效甚微。只有对人性深度理解和洞察后，才能让你产生源源不断的灵感。
- **懂商业。**一名好的运营人员可以正确地做事，但不一定会做正确的事、赚钱的事。一名好的运营人员会把战略落地，但可能并不擅长预测风口、选择跑道、取舍等战略性的问题。运营比较容易埋头苦干、陷入细节，如果未来的方向是创业，那么需要抬头仰望星空，懂得商业大势。

最后，运营说到底还是一个人，其最大的使命是运营好自己的人生。未来，最有竞争力的活法是做自己。把天赋放在热爱的领域上，其他一切纷至沓来。